U0111153

「認知治療」
輔助手冊

復 元 為 本 的 認 知 行 為 介 入 法

從捆綁到自主

黃富強　陳玉清　編著

責任編輯　趙　江
封面設計　孫素玲

書　　名　**從捆綁到自主**——復元為本的認知行為介入法
編　　著　黃富強　陳玉清
出　　版　三聯書店（香港）有限公司
　　　　　香港北角英皇道 499 號北角工業大廈 20 樓
　　　　　Joint Publishing (H.K.) Co., Ltd.
　　　　　20/F., North Point Industrial Building,
　　　　　499 King's Road, North Point, Hong Kong
香港發行　香港聯合書刊物流有限公司
　　　　　香港新界荃灣德士古道 220-248 號 16 樓
印　　刷　美雅印刷製本有限公司
　　　　　香港九龍觀塘榮業街 6 號 4 樓 A 室
版　　次　2017 年 7 月香港第一版第一次印刷
　　　　　2022 年 5 月香港第一版第二次印刷
規　　格　特 16 開（152 × 228mm）228 面
國際書號　ISBN 978-962-04-4159-2
　　　　　©2017 Joint Publishing (H.K.) Co., Ltd.
　　　　　Published & Printed in Hong Kong

目　錄

前言

　　浸信會愛羣社會服務處自 1982 年成立至今，在精神健康服務方面一直以來不遺餘力，數十年來，見證着香港精神健康服務的發展和整合。本處一直持守與時並進，以創新服務回應精神復元人士及家屬的需要，和他們同行復元路的使命。因此，我們在提升服務之專業質素上，也不斷作出創新嘗試及努力，力求所提供的服務顯出效果，協助復元人士的生活更加充實、生命不斷向前。

　　過去的精神健康服務偏向以醫療為主導，只着重用藥及病徵控制，患者很難脫離「病人」的身份與角色，彷彿患上精神病後再無前途可言。近年來精神健康服務已大為進步，十分重視社區復康的服務，重視復元人士重投社區，正常生活，因此設立很多不同之社區服務，醫療系統亦較前重視與社區康復服務的互相協作。然而，要讓不同病情的康復者病情減少反覆，真正能在社區過着充實、有意義、滿足的生活，社區服務仍須不斷優化，及致力為復元人士創造正面的環境。在此背景下，近年在精神健康服務中出現「復元模式」這較新的服務概念，此模式在外國擁有令人矚目的研究實證，即使嚴重精神病的患者也能因此而復元。

　　愛羣約在數年前已開始以不同形式研習復元模式，及嘗試在本機構之精神健康服務中實踐，包括在活動、中心文化、及個案工作方面，亦累積了一點經驗和體會。本處的精神健康綜合服務十分重視個

案服務，故一直都十分看重提升同工的專業輔導技巧，過去數年中，大部分精神健康綜合服務的社工，已接受認知行為治療的基礎訓練，並普遍應用於小組及個案工作中，感覺其中技巧與工具頗易掌握，亦十分實用。後來認識復元的概念，亦被其優勢的視角吸引。

針對復元模式在個案工作的應用，愛羣在 2014 至 2015 年間，邀請到香港大學社會工作及社會行政學系黃富強教授合作，嘗試將復元模式結合認知行為治療應用於輔導復元人士上，並作成效研究。此計劃由黃教授擔任顧問和提供督導，愛羣之精神健康綜合服務共有九位專業社工參與，計劃為期超過一年半。在本計劃期間，每位參與社工須將所學最少應用於三個個案上，並每月參與督導小組，接受臨床督導。

經過一年多時間的復元模式的認知治療介入，研究結果反映成效正面，故希望跟業界同工分享這計劃的成果，將參與同工於個案工作應用復元模式的認知治療介入理念及工具的經驗，匯集成書，與精神健康服務業界同工及伙伴分享，期望能有拋磚引玉的效應，令協助精神病患者復元的專業工作，能得到進一步的肯定和及發展，也能鼓勵業界繼續累積相關的專業知識、經驗和智慧，一同努力提升精神健康服務的專業水平。在這裡衷心感謝黃富強教授的指導，和參與本計劃之同工及督導主任的努力，亦多謝協助物色對照組個案的同工們之配合，使本計劃得以成功。更重要的，是十分感謝書中的每位復元人士，願意將他們的故事與讀者分享，讓自己的經歷和成長，成為其他人的祝福。

浸信會愛羣社會服務處

精神健康綜合服務

編者的話

　　重性精神病會影響一個人生活各方面的功能，加上社會人士的偏見和歧視，可以使患者陷入一個被捆綁的自我中，表現出一種被動，對將來失去希望和企盼，又對人生失去方向和目標的狀態。復元這個概念是希望每一位有需要的人能透過個別的、針對性的、和深入的輔導，協助他們在人生艱難的時候整理自己和找到出路，並建立一個自主的人生。可惜現時的華人社會有關復元概念的推行和實踐的文獻寥寥可數，也缺乏一個有系統及一套具體的技術和工具用以推行復元概念。有見及此，黃富強教授及其團隊與浸信會愛羣社會服務處携手採用一個嶄新的手法，將復元的概念與認知行為治療結合運用於個案工作中。計劃包括三方面：（1）認知行為治療的培訓；（2）督導；（3）研究。

　　我們這個計劃為期一年半，在開初的時候，所有參與這個計劃的同事都要接受認知行為治療的訓練和學習如何將認知行為治療融入復元這個概念中進行運用。經過幾日的訓練加上連續一年多的督導，他們同時了解如何實際運用認知行為治療這個方法。在這個過程中，同事由最初有很多的疑惑，比如如何將兩套不太容易結合的方法結合，到過程中逐步運用，漸漸體會如何將兩套概念和手法結合，以幫助復元人士邁向復元。同時在一年半的時期中，他們有了各種的體會，對手法的運用已經有一定的掌握，因此我們透過這本書總結我們

的經驗，並與業界和對復元這個概念有興趣的朋友分享我們的成果。

　　本書適合各類服務的專業人士，如社工、輔導員、醫護專業人員等。第一章是理論部分，講解復元的概念、原則、服務提供者的角色，以及介紹復元概念下的認知行為介入法，同時提及復元的七個階段。第二章是以兩個真實案例陳述「復元模式的認知治療介入」的實踐。第三章至第九章是介紹在七個復元階段中，不同個案曾應用過的認知治療技巧和工具，詳細說明該工具的理念、實際操作方法、及對案主的成效。第十章是分享揉合復元模式和認知行為治療的反思與心得。最後附錄本計劃的研究報告。我們在此感謝其他為此書供稿的社工，包括：蕭靄盈、周俊詩、黃健嫻、梁詠瑤、李靄霖、王樂欣、嚴浩心；更感謝書中所引案例之案主的信任和分享，使本書得以順利出版。為保障案主的私隱，案例中的案主姓名均為化名。

黃富強教授

陳玉清小姐

推薦序

　　在精神科的工作中，復康（Rehabilitation）佔着很重要的位置。但傳統的復康概念，以服務提供者為主導，着重病徵的控制及功能的恢復，而相對忽略了患者的全人康復。而「復元」（Recovery）概念，正如在本書的第一章開宗明義指出，旨在「描述精神病復元人士如何在復元過程中發掘自己的優點、興趣與人生目標，並配合外界的支援，幫助他們建立有意義的生活」。其中，尤為重要的是，着眼點由復元人士的問題與弱點，轉至其優勢與強項。

　　本書以復元框架，透過真實個案，並且詳細論述了如何在七個復元階段中應用認知行為治療的技術。透過陳述完整的個案，讀者可以清晰了解有關工具如何實際應用在真實的復元人士個案中。書中詳列的分析及評估工具，有「身心思維自我分析表」、「個人能力評估表」，及「惡性循環圖」等，都能緊貼復元人士的實際需要。在達成目標的策略及計劃上，我尤其被「五常法」、「豬仔錢箱」及「行為實驗法」吸引；不但方法清晰及實用，所用的語言也是生動、貼切，並且方便理解及記憶。

　　讀畢本書，令我反思：以排解問題為主導的醫療思維，不知不覺間忽略了復元人士的能力及優勢。除了鼓勵復元人士參與書中介紹的認知行為介入法，我祈盼能與其他精神治療及復康工作者繼續努力，達至觀念上的轉變，協助復元人士提升能力和自信，並且成為自己復元之路的主人。

賴子健醫生

（精神科專科醫生）

第一章

復元為本的認知行為介入法
理論基礎

一、復元的概念、原則、服務提供者的角色

1.「復康」的概念

　　精神復康服務自 1950 年代開始出現。「復康」這個概念旨在協助精神病康復者重投及融入社會，讓他們在社會中過上正常的生活。J.K. Wing（1981）提出精神病康復者的殘障程度受到三方面的因素影響：（1）精神病徵所帶來之缺損，例如，精神病患殘餘徵狀的嚴重程度；（2）來自社會的負面因素，例如，社會大眾的歧視；（3）個人的心理障礙，例如，低自尊感。這些因素均在影響着復康過程的進展。精神科醫療及社區復康服務成立的目的便是着力於減少康復者的殘障程度，並提升他們融入社會所需的各方面技能。此概念假設康復者因精神殘障而沒法完全回復病發前的狀態，復康工作的最終目標是盡力提升康復者達致一定程度的個人及社會功能。

2.「復元」的概念

　　「復元」概念有別於「復康」概念。此概念旨在描述精神病復元人士如何在復元過程中發掘自己的優點、興趣與人生目標，並配合外界的支援，幫助他們建立有意義的生活。依此概念，精神病只是人生的一部分，患者雖然因病而有缺損，但他所建立的人生目標和意義，可以跟精神病無關。例如他無論是否有精神病，本身對園藝很有興趣，以前也是做與園藝完全無關的工作，在復元概念下，他可以繼續發掘自己這方面的興趣，讓他的人生有意義和有滿足感。所以病只是患者人生其中的一部分，並非他的全部。

　　另一方面，復元概念提出，即使本身有精神病的殘餘徵狀，例如仍然有幻覺、有被害的感覺，他亦可以同時建立健康、有目標、有意義的生活，即是説他可以與這病一起生活，有患病的部分，同時也

可以有成長、開心的部分。所以依照復元概念，精神病的徵狀只是患者人生其中一面，而人生還有很多其他範疇，只要更加集中發展其他各方面的正向潛能，爭取自己期盼的生活，同時也學習如何管理疾病給自己帶來的負面影響。

不同學者對復元這個概念有不同的闡釋。Anthony（1993）說復元是一個個人生命轉化的歷程，而在這個轉化的過程中，復元人士會出現思維、態度、價值觀、情緒、人生目標和角色上的變化，使生活變得更有希望及意義。在復元過程中，患者即使受精神健康問題限制，仍能自主地尋找自己的人生目標和意義，而且此過程是透過個人的能力去達成的，所以這是一個有關個人人生歷程的轉變。每一個人的目標興趣都不同，對何謂有意義的活動，想法也不一，所以每個人復元的情況都很獨特。另一方面，SAMHSA（2005）也認為復元是一個轉變的過程，於轉變的過程中當事人在身、心、靈各層面的健康都會進步，他們生活在自主的狀態之中，有目標和有計劃地將自己內在的潛能發揮出來。

兩者對復元的定義或理解，其實有很多相似的地方，都認為復元是一個過程，而過程當中個人是透過發掘自己內在的能力、興趣、目標，並且在生活上努力實踐追尋，以完成這些目標和意義。與此同時，亦應明白精神病的患者確實是面對着不少因病帶來的限制，其目標能達成與否，會取決於當事人是否能平衡現實與理想中的種種狀況。

3. 被捆綁的自我與被釋放的自我

圖 01. 精神病患者：

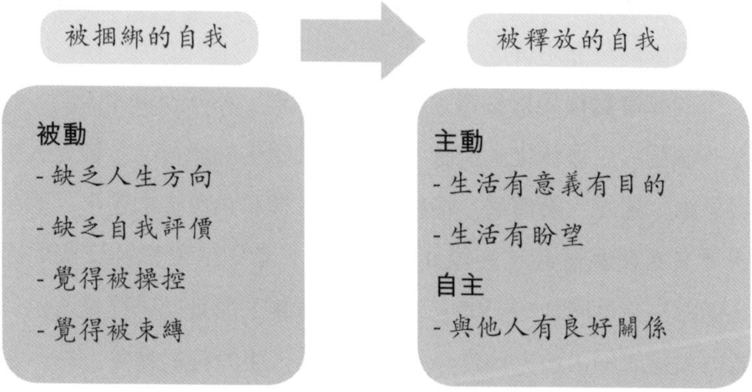

被捆綁的自我 ➡ 被釋放的自我

被動
- 缺乏人生方向
- 缺乏自我評價
- 覺得被操控
- 覺得被束縛

主動
- 生活有意義有目的
- 生活有盼望

自主
- 與他人有良好關係

在傳統復康模式裡，大部分患者容易在患病過程中建立出被捆綁的自我觀。這種被捆綁的自我觀，呈現以下幾種特質：

（1）被動，

（2）缺乏人生目標與方向，

（3）自尊感被剝削，

（4）被社會環境控制，

（5）與社會隔絕。

而被釋放的自我觀，會呈現以下一些與被捆綁的自我觀相對的特質：

（1）主動，

（2）生活有目標及意義，

（3）生活有盼望，

（4）自主和自決，

（5）與社會及他人有良好關係。

復元服務的工作目標，就是運用復元的概念將被捆綁的自我觀

轉化，以達致被釋放的自我觀。

4. 被捆綁之原因

　　為何大部分患病的朋友容易困在這種被捆綁的自我中，而難以達致被釋放的自我呢？綜觀其因由，大致可劃分為以下幾方面：

（1）病情之嚴重程度所帶來的影響

　　前文提及 J.K. Wing（1981）所提出的精神殘障程度的三個因素：① 精神病患所帶來之缺損，② 來自社會的負面因素，及③ 個人的心理障礙。這些因素都會令康復者停留於被捆綁的自我狀態中，而當三項因素的狀況愈差，其被捆綁的情況便愈見嚴重。例如：患病者經常有幻聽、幻覺、擔心周圍的人會傷害自己，以致不能在工作上集中精神和把工作做好，因此很難維持一份工作；而周圍的人見到患者出現奇怪的行為，如自言自語等，會感到害怕，甚或刻意避開他。患者很可能會感到自卑和變得退縮。這些內在及外在的因素便成為捆綁患者的絆腳石。

（2）面對生活的慣常不良反應

　　患者在生活上出現慣常的不良反應也是成因之一。他們面對生活壓力時，可能會出現一些習慣性的負面反應模式，例如：當他有負面自我標籤，嘗試新的事情時會慣常地想：「我沒有能力，我不要去試 / 做」，漸漸地便出現不願作任何新嘗試的情況，如此一來，周圍的人可能會反對和責罵他，亦可能因此不會再給他嘗試的機會，令他更感沮喪和沒有信心。另一個例子是：有些患者的情緒起伏不定，當他遇上挫折時表現十分情緒化，並把負面情緒即時表達出來，讓別人感到擔心和害怕，同時也不懂得如何與他相處。在這些情況下，患者

會感覺其他人不喜歡自己，想避開自己，人際相處上的惡性循環於是不斷出現。所以這些慣性的思維、行為及情緒反應模式，便把患者困在被捆綁的自我之中，成為復元的絆腳石。

(3) 對自身能力及弱點缺乏自覺

患病者一方面不察覺自身擁有的能力，因此無法找到動力去作出改變；另一方面，他們不察覺自己的弱點，於是在生活中持續以有問題的方式與人相處，最後只能靠別人幫助，甚至處於放棄的狀態，令情況更難得以改善。這些對自己的能力及弱點缺乏自覺的狀態，也把患者困在被捆綁的自我之中，成為復元的絆腳石。

(4) 家庭的環境因素

家人對復元人士來說扮演着一個很重要的角色，其影響可以是正面的，也可以是負面的。正面來看，家人能幫助患者在復元的過程中得到更多的鼓勵和支持。家人的一言一語、或情緒的表達若為負面，必然會影響患者的信心和希望感。另外有些家人會過分積極投入患者的復康進程，此舉可能會令患者變得不能主導自己的復元路，甚至放棄自己應有的選擇權，因而處於更被動的狀態，不懂得為自己爭取權利和計劃自己的復元。另外，家人會對患者有一些期望，如期望患者很快找一份工作，而不應長期待在家裡，當患者不能達到他們的期望時，家人可能會以批判性的方式與患者溝通。這種負面的態度及批評，必會影響其復元的信心，因而困在被捆綁的狀態裡。又有一些家人會採取放棄態度，對患者不再存任何期望，如此，患者亦可能會變得消極，同樣對自己的復元採取放棄的態度。家人的過分積極投入、負面批評和冷漠或放棄的態度，都會影響患者投入復元進程的積極性，令他們停留在被捆綁的負面自我中。

（5）人際關係的因素

人際關係的因素，都會令患者留在被捆綁的負面自我裡。患者一些重要的朋友，可能與家人一樣過分投入、作負面批評或採取冷漠的態度，同樣會影響患者在復元路上的投入感。其他因素可能來自患者本身，例如他們怎樣看待自己與周圍的人的關係。如果他們因為自己患精神病而擔心別人對自己的看法和對待，包括朋友、同事、老闆等，覺得別人會很負面地看自己，這些想法會令他們不願意跟人接觸，甚至採取敵意的態度。這樣會令他們難於融入社會，因而停留在被捆綁的負面自我裡生活。

（6）環境因素造成依賴性

在舊有的精神服務系統中，精神科醫療人員佔着主導的角色，給患者的服務提供，均由醫療專業人士策劃，接受者並無太多參與及選擇的機會。患者要去適應環境，而不是周遭環境有彈性地配合他們的需要，在這情況下，復元人士很難建立自主的能力，而且在過程中沒有選擇的機會，個人的喜好和需要得不到重視。在這樣專業人士作主導的架構下，患者是受制於壓抑的環境，於是繼續困在被捆綁的負面自我裡。

從上述的討論中，我們可以清楚看到患者在傳統的復康服務模式下，建立了一種被捆綁的自我，其自由自決的自我得不到釋放。所以他們變得被動，缺乏目標和方向，而他們所謂的康復目標，都是由大社會、專家或周圍的人去訂立的。這樣的情況令患者缺乏自尊感，感覺自己沒有權力，沒有能力選擇自己想做的事。他們也覺得自己被社會控制，與社會的關係變得疏離，甚至這種情況同樣出現在患者家屬身上。反之，在復元的概念下，復元人士變得主動，對生活有目標，有盼望及有意義，並會主動地為生活作安排，用方法達到自己的

目標和期望，同時他們感覺自己也是社會的一份子，和社會有良好的關係，在社會上有獨特的角色。總括而言，復元概念希望達致的目標，是把患者由一個被捆綁的自我，慢慢轉變成釋放的自我。

5. 復元的六個工作原則

　　澳洲政府的醫務衛生部門（2010）提出精神健康的服務有以下六點基本原則，希望所有服務會按這六點原則在服務上推行復元計劃。重點是讓個別受精神健康問題困擾的朋友，在復元過程中更有希望，更認識自己的能力和缺損，更能積極參與生活，自主地選擇喜歡做的事，有目標地完成所定立有意義之人生目標，在社會上建立自己的地位與角色。他們明確指出復元不等同完全沒有病徵，服務的重點不側重於病徵減輕多少，而是提升其積極性及自主性，從而建立一個有目標及意義的生活。

　　這六項原則包括：

（1）個人獨特性

　　無論是否有精神病，每一個人都有自己的獨特性，有自己的喜好和能力。對精神病復元人士來說，復元是去發掘個人的獨特性和發揮自己的優點。而獨特性的意思在復元概念裡不一定是針對病徵，而是着眼於與病無關的個人能力。透過自己的獨特性和能力，更加能與社會建立緊密關係和提高個人的生活質素（quality of life）。獨特性的另一個重點是令復元人士有被充權的感覺，覺得自己有能力改變自己，而自己就是改變自我的最重要人物。

（2）服務接受者的選擇權

　　復元概念的服務讓復元人士可以在過程中有選擇，自主自決，

由自己掌握復元的過程及進度。工作員的角色是協助他們發現自己可以有甚麼選擇，並鼓勵他們作出正確的抉擇。在過程中，工作員會引導他們考慮平衡其自己的選擇與公眾利益，例如：堅持不住院的患病者須考慮此決定會否影響公眾安全，藉此鼓勵當事人成為一位負責任的社會一份子。

（3）服務接受者能行使權利

　　無論有沒有精神健康的困擾，每一個人都是社會的一份子，都有權得到應得的社區服務，做自己想做的事。在復元過程中，有許多服務接受者的權利是得不到保護的，他們不知道自己有甚麼權利，也不知道該如何爭取那些權利。復元服務的推動者應協助復元人士了解自己在社交、工作等各方面之權利，並引導他們學習如何爭取，所以工作員的角色是聆聽其需要，和協助復元人士去獲得及行使自己應有的權利。

（4）被尊重與自我尊重

　　復元概念是希望復元人士了解自己是社會的一份子，應該得到同樣的尊重。這份自知讓他們有自尊感。患上精神病的朋友常在生活中感到被標籤、被歧視、被嘲笑、沒有尊嚴，或因此無法得到工作。不被尊重的感覺也可能使他們自我標籤，例如：「我有病，所以不被尊重也無話可說。」自我標籤加上被人標籤，會使他們有不被尊重的感覺。

　　所以在復元概念裡，會鼓勵復元人士從不同角度看自己，尤其着重看自己的優勢，視自己是一個值得被尊重的人。復元服務亦包括在社會上的正面宣傳，一方面減低社會對患病者的歧視，另一方面透過宣傳倡導他們應有的權利。

（5）伙伴關係

傳統的復康服務視復康者為接受服務的人，服務提供者以專家的身份和態度提供服務幫助他們。但在復元概念裡，復元人士在服務過程中是主要參與者，而他們身邊的家人、朋友、甚至服務提供者均是重要伙伴，是一起商量怎樣協助、怎樣令他們得到最想要的服務、及怎樣使他們在復元歷程中達到目標的人。以往服務提供者從專業角度策劃康復者需要甚麼服務、不需要甚麼服務。但是依照復元概念，需要甚麼服務、不需要甚麼服務，是由康復者主導和提出，而不是由專業人士提出。因此專業人士的角色是輔助復元人士推行自己想做的事。

（6）評估

依照復元概念，須不斷評估所提供的服務，在過程中，會不斷調整或改善服務來配合復元人士的需要。目前的服務沒有特別強調必須經常進行評估，很多時候服務是按服務提供者的主觀想法，而服務不會與時並進去改善以配合服務使用者和社會環境的需要。

6. 復元概念的普及性

不同的國家在推行復元概念上有不少相似的地方，當然在發展上有先後次序的不一。例如在美國和加拿大，New Freedom Commission on Mental Health（2003）曾經指出，希望服務可以從傳統治療式的復康服務轉型為復元服務。

American Psychiatric Association（Hogan & Arrendonodo, 2003）都指出復元概念在服務推行上的重要性。大家都在不同的層面上推廣復元概念。同時會訓練一些員工，甚至一些服務接受者怎樣用這個概念幫助其他的同路人（peer to peer support, peer to peer counseling）。

　　而在新西蘭，所有精神健康服務都要在政府政策下推行復元概念（O'Hagan, 2004）。而從事精神健康服務的專業人士都需要有能力運用或認識復元概念。

　　在澳洲，National Mental Health Plan（2016）清楚指出所有精神健康的服務都應該是復元導向的。當然，在不同州份的情況並非完全一樣。

　　在英國和愛爾蘭，例如英國 National Institute of Mental Health in England（2005），都接受復元概念在提供精神健康服務中十分重要，在公眾教育方面也應該應用復元概念。而 National Health Services 雖然暫停所有服務都應用復元概念，但認同復元概念必須應用在不同服務上是有效的。而在蘇格蘭，亦有組織如 Scottish Recovery Network（Jacobson & Greenley, 2001）致力於提倡復元概念。

　　所以復元概念在不同國家被廣泛重視，而不同國家有不同的方法支持復元概念的推行。

7. 服務提供者在復元概念下的角色

　　在復元概念下，服務提供者有以下五個角色：

　　（1）評估者：服務提供者為復元人士進行評估，了解其需要、興趣和人生目標，同時亦要評估其內在與外在的資源，另外在整個復元過程中也不斷作評估，從而相應調整介入手法。

　　（2）推動者：協助復元人士設計復元實務計劃，推動和鼓勵他們去實踐計劃以達成目標，盡量以合作和鼓勵的方式讓當事人在思考過程中作主導，在想不出方法來的時候服務提供者才提供一些可能性，而不是一個答案，所以服務提供者的角色是提供更多的資料，並鼓勵復元人士思考和計劃。

（3）計劃修正者：協助復元人士辨識在邁向目標時出現的內在或外在障礙，跟他們一起探討解決方法或修正計劃，排除不利因素。因此計劃的修正會在復元過程中不斷發生，而服務提供者的角色是協助復元人士留意可能有的障礙，不斷鼓勵他們自己去改變和修正方法以達成目標。

（4）權利保護者：作為服務提供者，在復元為本的原則下，一定會重視復元人士的權利和尊嚴。有些復元人士可能因為種種原因，未必有能力保護自己的權利和尊嚴，服務提供者會作為他們的倡導者，向不同的服務單位和專業人員為他們爭取權利。另一方面，服務提供者要做很多教育工作，教育復元人士認識自己的權利，鼓勵他們在自己的日常生活中行使。

（5）橋樑：作為復元人士與身邊家人、朋友和專業系統內人士（例如：醫護人員）之間的橋樑，把復元人士和他們連結起來，成為支持網絡，並協調和統合各有關服務單位，確保他們都能方向一致地協助復元人士完成自己訂立的目標，減少障礙。同時亦希望能協調復元人士身邊非專業系統裡的人，使他們的言行舉止和各方面的想法都有助於復元人士達成所訂立的目標。

二、復元概念下的認知行為介入法

雖然復元這個概念已得到廣泛接受，在不同國家推行。但是在二十多年的時間中，有系統而又精細藉以鑑定其效用的數據並不多（Tse et.al, 2016）。加之復元是一個比較寬泛的概念或理念，在推行方法上暫時未有一套清晰的介入手法。當然有不同的學者提出了一些推行復元概念的手法和原則，但是具體的技術還有待發掘和驗證。

　　驟眼看來，復元和認知行為這兩個概念似乎在理論的層面上頗為不同。在復元的概念裡，焦點是幫助復元人士去發展其個人的潛能，通過他外在或內在的潛能來幫助其達至所建立的目標，同時增加他自己的能力感和自主感，是一種自我的提升。而認知行為治療的重點是針對個人生活上的一些問題，而這些問題很多時候是受其思維和行為模式所影響而出現的困難，所以認知行為治療也稱為問題為本（problem-oriented）的介入手法（黃富強、李鳳葵、鄭燕萍，2013）。前者是一個着重發展潛能及跳出問題本身的方法，而後者則透過深入探討問題的本質，從中找出改變思維和行為的辦法來解決問題。

　　然而，前文提及有關康復者在被捆綁的自我狀態中，無法全程投入復元的進程裡。認知行為介入法在理論及操作上大可融入復元的概念中，影響復元人士的復元進程。從理論的角度來看，認知行為介入法讓我們了解到為何一個患者會陷入捆綁的自我中，而無法走上復元的道路。例如，認知行為介入法認為個人的過往經驗會塑造出他的慣性思維、行為及情緒反應，而負面的不良反應更促使他陷入惡性循環的狀態，與他人的關係變得更緊張和失調。從實際操作的角度來看，認知行為介入的一些技術及工具可幫助服務接受者了解自己的不良慣性思維、行為及情緒反應，並學習一些思維及行為的技術來改善該情況。同時，服務接受者亦可透過認知行為介入法的技術及工具，探討自己的潛在優點和能力。再者，認知行為介入法的技術及工具也可幫助服務接受者更具體及有計劃地推行他們所訂定的目標。例如，認知行為介入法裡面所用到的一個工具——惡性循環圖，此工具同時可被運用以建立良性的循環。患者在惡性和良性的循環圖中，了解到原來一些舊有的方法使自己在被捆綁的自我裡泥足深陷，及學習如何從一個良性循環圖理解被釋放的自我。中間亦有很多方法，譬如「豬

仔錢箱」幫助當事人儲蓄一些正面的生活經驗，「身心思維自我分析法」協助患者認識自己一些過往的慣性負面思維和行為表現。最後幫助他們訂立一些長期和短期目標，給予一些行為的家課和作業等等。這些種種不同方法就是透過連串的技術，去協助復元人士排除障礙，並完成在復元概念下所訂定的人生目標。

在復元概念下的認知行為介入法有以下的幾個特點：

（1）幫助服務接受者在復元過程中建立希望，協助他們找到人生目的及意義。

（2）使用一連串的認知行為技術，幫助他們尋找到個人目標並使之達成。

（3）透過連串的認知行為技術和工具，幫助他們發掘及發展他們的強項和優勢（其中包括個人興趣、潛在能力、盼望等），並協助他們尋找方法面對及解決所遇到的障礙。

（4）在復元過程中，透過對過往及現時所出現的種種體會及經驗的討論，幫助他們探索並發展自身能力。

1. 復元概念和認知行為治療的技術

復元概念下的個案工作，可以分七個階段，亦可說是七個工作重點，而在每個階段裡可使用不同的認知行為治療技巧去幫助服務接受者（表 01）。為了讓大家對整個復元導向下的認知行為介入技巧有更深入的理解，以下會將復元的階段和技巧作簡單的詮釋。但在每個階段中較為重要的技巧將會在本書的各個章節中再詳細說明。

表 01. 復元的七個階段

服務階段	工作員可運用的技巧與工具
第一階段： 注入希望及改變 動機	（1）建立關係 （2）動機式會談法（Motivational Interviewing） 　① 認可、肯定和欣賞的技巧（Validation） 　② 正常化（Normalization） 　③ 好奇心 （3）讓案主面對困擾時察覺自己的反應 　① 身心思維自我分析表 　② 思想陷阱 　③ 情緒溫度計
第二階段： 識別需要	（1）讓案主了解自己現時的情況 　① 惡性及良性循環圖 （2）了解案主的優勢、興趣和願望 　① 均衡生活檢視表
第三階段： 建立及發展目標	（1）釐清遠、近目標 　① 個人能力評估表： 　② 腦震盪（Brainstorming） 　③ 我的餅圖 　④ 生活目標逐個捉 （2）平衡所設定目標的意義及達成的可能性
第四階段： 探索內在及外在 資源	（1）尋找個案內在及外在資源 　① 個人能力評估表 （2）回顧案主以往的生活經歷，尋找例外情境 　① 人生大事回顧 　② 資源清單

表 01. 復元的七個階段（續表）

服務階段	工作員可運用的技巧與工具
第五階段： 設定任務、策略及計劃以達成目標	（1）訂定目標優先次序 　① 鼓勵參與制訂及推行所訂定的策略 　② 五常法 （2）行為導向，突破認知盲點 　① 行為驗證法
第六階段： 識別對於達成目標的個人或環境障礙	（1）創造經驗，改變舊的行為框架 　① 創造新經驗 （2）認識僵化的人生規條並進行放鬆 　① 規條秤一秤 　② 改寫規條
第七階段： 持續檢討及回應	（1）進行檢討和鞏固所得 　① 舊我／新我 　② 豬仔錢箱

（1）第一階段

在第一階段裡，復元工作的重點集中於建立關係，及幫助案主認知自己現時面對的生活狀況，看到改善的可能性，從而提升案主的希望感和動力去作出改變。可用的技巧或工具如下：

① 認可、肯定和欣賞的技巧

透過不斷敏銳覺察、確認和欣賞案主的長處，令他肯定自己的能力，以提升其主動性去幫助自己改變。

② 正常化

「正常化」的技巧旨在讓案主了解每一個人都有機會出現不同程度的精神問題徵狀，而他們的經驗並不是無法解釋及完全異於他人，

而一些徵狀往往與其過往的經歷有關。同時，徵狀對案主的影響有強和弱的時候，不會隨時都在影響着他。在復元過程中，我們要讓案主了解其精神病經驗並非如想像中那樣怪異，並了解其過往的人生經歷如何影響他詮釋自己所面對的經驗。例如，幻聽中別人對他作負面批評，可能反映他害怕別人批評，而這種感覺或許跟過往一些不愉快的經驗有關。但害怕別人批評是人之常情，在一般人身上都會出現。

另外，正常化的技巧也可用以幫助案主接受患病帶來的一些限制，而不會強逼自己迅速改變。在人生的道路上，每個人都會面對種種障礙和困難，須逐步走過。成功走過固然是欣喜，但暫時走不過也是很正常的狀況。正常化的技巧在復元的概念下尤其重要，在復元過程中，案主會很容易因面前遇到的困難而感到沮喪或失去鬥志，所以工作員強調正常化的觀念，會讓案主接受自己，及對自己的情況有較合理的期望。

③ 好奇心

工作員用好奇而不是責怪或批判的心態，與案主一齊探討和了解自己的過往經歷、現時狀況和需要，發現自己的能力、特質、資源等。這樣的心態能表達對案主的興趣、支持、信任和尊重，也能十分有效地使案主感到被重視，覺得自己值得別人用心和用時間去了解，間接地增強他改變的動力和注入新的希望。

④ 身心思維自我分析表及情緒溫度計

另一個可以運用的技巧，是身心思維自我分析表及情緒溫度計。透過以事件為本的探索（event-based exploration），請案主分享一些生活事例，然後協助他分析自己當時對事件的身體、思維、行為、情緒的自動化反應，透過對不同生活事例的分析，讓案主看到自己對事情的不良反應模式，理出自己困擾的根源，或其中可能存在的惡性循環等。當案主對自己的狀況有較清楚的了解，就能知道改變的

方向，提升改變的動機，重新找到希望。

此技巧亦可幫助案主了解自己的興趣，如阿玲的情況。有一次阿玲跟工作員談到自己在那個星期比較開心，一周的情緒溫度計分數有 6.5 分。工作員帶着好奇心問阿玲，為何會由上周的 4 分升至本周的 6.5 分？她説自己在本周內曾經與同學聚會，在聚會中她回顧了以往與同學一起做手工藝和繪畫的活動，她説自己談到這些活動時，心情特別開朗（情緒），覺得自己頗有成就感（思維）及有一種想再試試的衝動（行為）。她説自己以前很喜歡繪畫及剪紙，並曾獲老師的讚賞。工作員藉此機會跟她討論可否重燃這個興趣，並鼓勵她定下活動時間表，確認自己的能力和興趣。

（2）第二階段

第二階段的任務，是幫助案主了解自己的需要，以便於下一階段按需要為自己訂定復元目標。以下是此階段可用的技巧及工具：

① 認識自己良性和惡性的循環

有些案主在遇到不愉快的事件時，會習慣以某種思維、情緒、行為的反應模式去面對，往往會出現更多負面情緒，因而被困在循環裡。例如上面提及的案主阿玲，她經常猜疑別人對她的行為動機，二十多歲的她，從中六開始患上思覺失調，常常對身邊的人很多猜疑，覺得身邊的人會取笑她，覺得同學會咒罵她又懶又醜。她患病的時候會感到很驚慌，逃避不敢見人。病情嚴重的時候，她甚至連上學都做不到，最後到精神科診所求診。工作員接觸阿玲的時候，她已經是大專一年級學生，她的情況已見好轉，服藥情況亦穩定。她分享時提到，當她回到學校上課的某一天，到課室裡看到老師，認為老師的眼神是在説她懶惰又不用心，不是一個好學生。當她有這個想法時，她會感到不開心和驚慌，同時身體有心跳加速的反應。當這個情況出

現時，她馬上想離開那個環境。在以往的經驗裡，她越是想逃避，越會驚慌，精神狀況更差，這是阿玲慣性的惡性循環。

有一次上課的時候，她雖然是很擔心很驚慌，逃離環境的想法也很強烈，但她説當時有提醒自己要嘗試留在那個環境裡面，集中精神去學習，而那次，她最後沒有離開，雖然很難集中精神，但至少沒有逃走。這次的經驗讓她對自己的感覺好一點，開心自己有能力駕馭擔心和驚慌的情緒。這個例子讓案主看到一個良性的循環。明白惡性及良性循環後，她也知道需要在甚麼地方作出改變。

②均衡生活檢視表

除了上文提及了解過往的一些成功經驗外，工作員還可以跟案主進行均衡生活檢視表的活動，去了解自己對生活的願望和目標。這個活動是以 12 個空格代表不同的生活環節，包括：家庭、朋友、工作、興趣等。工作員會請案主檢視自己花了多少時間在不同的環節裡，假設自己手中有 100 萬元，代表他的全部時間，請他寫出現時自己是如何分配這 100 萬於每個生活環節的，即花的時間比重愈大的環節，便是投放愈多錢的環節。

然後，再問案主其理想中這 100 萬如何分配？如現時投放 60 萬在家中玩電腦遊戲（即花很多時間玩電腦遊戲），但他的理想分配卻顯示只想投放 30 萬在這方面，另外的 30 萬是放在認識朋友或工作上的。均衡生活檢視表活動，可以使案主認知自己有其理想的部分，而現時的狀況與理想有些差距，因而幫助他認清自己的需要，以幫他建立目標、達成心願。

(3) 第三階段

第三階段的工作重點，是讓案主根據其需要或願望，為自己訂定目標。目標須分長期和短期，如果釐清長、短目標做得好的話，可

幫助案主在下一階段發展出具體的、對他具有意義的策略和計劃，以完成目標。下面是一些可用的技巧：

① 個人能力評估表

這評估表內容十分詳盡，透過一連串的問題，助案主了解自己現在所面對的困難和挑戰；在生活各方面的現況、願望和資源，如居住環境、交通、經濟、工作 / 教育、社交、健康、消閒活動等；亦探討案主優勢；最後是案主根據其願望，決定三個最優先想達到的目標。因此本評估表與第二階段的識別需要、第三階段的發展目標及第四階段的探索內在和外在資源均有關連。本書第五章會更詳細介紹該工具的內容。

② 腦震盪

在達成目標這部分，另一個較簡單的方法是腦震盪。即由案主在一張白紙上寫出自己喜歡或想要的東西，以及其原因，之後工作員可幫助案主將資料加以歸納整理，並依優次排序，幫他訂定一些目標。

(4) 第四階段

第四階段的任務，是與案主一起探索他的內在優勢和外在資源，及如何利用這些優勢和資源達成所訂的目標。

① 人生大事回顧

工作員可邀請案主分享人生中經歷過的開心和有意義的事，從童年、青少年、成年及至現在發生的事情，仔細談論有甚麼令他感到喜悅和有滿足感。在探討這些經歷的過程中，工作員嘗試留意案主有甚麼外在和內在的資源曾經幫助過他。不論是外在抑或內在的資源，可能以前曾經有過，但現在已不存在，工作員也可以跟案主一起探討是否可以透過不同途徑重新建立那些資源。同時，工作員也可以幫助

他發掘一些未曾出現但有待發展的資源。

② 資源清單

第二個較簡單的方法是讓案主寫資源清單，列出自己所擁有的內在和外在資源，並檢視哪些資源可幫助達成既定的目標。該方法可用於一些認知能力較高、較了解自己的案主。

(5) 第五階段

第五階段的目的是與案主一起探討和設定可行的任務、策略及計劃，去達成所訂立的目標。

① 鼓勵參與制訂及推行所訂定的策略。

在復元概念下，訂定目標、計劃和策略上，案主須有很強的自主及主導性，須鼓勵案主參與構想可行、有效的方法及行動計劃，才能增強他實踐的動力。在嘗試實踐的過程中，工作員要不斷鼓勵案主踏出第一步，有了一點成功經驗後，再鼓勵他走第二、第三步。同時，工作員須一直與案主探討和分析所訂的方法或行動計劃是否需要修改，以更有效達至目標。若某些方法已見有效和可行，工作員須協助案主鞏固，讓他在往後的日子裡，也能運用這些策略繼續完成目標。

② 五常法

有些案主的個人復元目標是克服自己的負面情緒，或有些案主在完成目標的過程中，受自己負面情緒影響。五常法能協助案主調節負面心態，以完成目標。顧名思義，五常法包括五個步驟：第一步是留意自己的身體警告訊號；第二步是停止負面想法；第三是用自我反問的言語鼓勵自己；第四是分散注意力，避免沉迷溺在一些負面想法裡；第五是用對自己有效的金句警醒自己。

以阿玲為例，她很容易跌進「打沉自己」的思想陷阱裡，因而

很快便放棄目標計劃。有一次她在報名參加繪畫班時，遇到職員似是
愛理不理的態度，她便感到十分沮喪（情緒反應），心裡像有一塊大
石壓着自己（身體反應），她相信對方認為她無能力學繪畫，自己也
不斷告訴自己是白花時間，徒勞無功等（想法：打沉自己、妄下判
斷），她最後決定離開，放棄報名（行為反應）。當工作員了解到阿
玲的情況後，便與她討論如何以五常法幫助自己。阿玲說要停止負
面想法，對她來說最佳的方法是進行深呼吸（停止負面想法），並把
注意力轉移到回憶她在中學時創作的一件手工藝製品上（分散注意
力），同時提醒自己：「如果我不嘗試，才會甚麼都做不來。我真的
想這樣嗎？」（自我反問）她提醒自己的話是「凡事但求無愧於心，
事情的得失誰能預計？」（金句）。

(6) 第六階段

在案主努力作出行動邁向目標的過程中，必然會出現困難與障
礙，那些障礙源自個人原因，亦可來自環境因素。第六個階段的主要
任務，是與案主一齊辨識障礙，一起探討克服的方法。可用的工具
如下：

① 創造新經驗

很多時候障礙源於案主本身一些固有的信念，例如堅信自己無
法改變處境，因而不敢作出嘗試以達到目標。要改變那些信念並不容
易，創造新經驗是其中可用的技巧之一，該技巧主要是設計一些新的
生活體驗，鼓勵案主實踐以獲得新經驗，從而改變案主的固有信念，
克服阻礙。

② 規條秤一秤

若工作員發現障礙是源於案主的某些思想規條，可用規條秤一
秤的技巧與案主一起分析其思想規條為他帶來怎樣的障礙，然後再探

討如何改寫才能令自己克服阻礙。

上列兩個技巧將於本書第八章詳述。

(7) 第七階段

在以上各復元階段，及案主不斷努力邁向目標時，會遇到很多不同的狀況，以復元為本的介入須在過程中不停留意案主的回應、檢討進度和對案主提供回饋、提醒與鼓勵，令他對自己有更深刻的認識，更了解自己的進度及不斷為自己加油。當然，工作員亦要不停地確認和欣賞案主的努力、能力和成就以鞏固其所得及信心，以便將來能更獨立地繼續自己的復元路。以下是兩個可用的技巧：

① 舊我 / 新我

該方法主要是讓案主看到過去的自己和現時的自己的差別。例如舊我可能是比較被動的，遇對問題時都傾向退縮，不敢嘗試；但在復元過程中經過不同的嘗試，會出現新的自我、新的能力，讓自己看到有更多改變空間。新我是有能力、並且無論成功與否都願意嘗試。填寫舊我 / 新我，能讓案主更進一步肯定自己。

② 豬仔錢箱

請案主把自己成功的事例寫在紙上並放進豬仔錢箱裡。透過收集正面成功例子，希望案主能有更多動力。很多時案主在復元過程中只記得失敗經驗，反而成功的片段很快就在腦海中溜走。所以豬仔錢箱技巧是肯定成功例子，並且實實在在地存放起來，使其不容易忘掉或溜走。當案主需要提醒自己的時候，亦可以在豬仔錢箱裡回憶正面的經驗，鼓勵自己繼續嘗試。

2. 對復元概念的批評

雖然復元概念被廣泛接受和應用於精神復康的服務，但復元概

念亦受到一些批評和質疑。其中有人提出，人人都講復元概念，把這個概念變得教條，要求所有員工都必須跟從這概念做事，若員工的做法有不同的地方，就可能遭受別人批評，認為他離經叛道。

復元概念是否在任何情況下都可以應用？前文説過，其實須配合實際環境，例如社會環境和資源、文化背景等須普遍地接受復元概念，復元概念才能得以實現。我們要明白有很多環境上的限制需要慢慢改變，才能使復元概念得以完全推行。

另一方面，復元概念要推行成功，亦要看個人內在的能力和狀況，若一定要求個人在生活上有目標，並且須按目標前進，對部分人來説這可能不是他的選擇，反會感到被逼要去改變。

同時，復元概念可能會為復元人士帶來太高、甚至不切實際的期望（false hope）。如果他做不到，自己會感到挫敗，周圍的人都會同樣受挫或可能覺得他沒有努力去做，對他加以責備和埋怨。

第二章

兩位復元人士的故事

　　前文提及復康和復元的分別，亦將復元過程的七個階段逐一進行了介紹，接下來的章節將會用兩個實際的案例來剖析七個階段中復元導向的認知行為介入法是如何發揮作用的。從中可以看到認知行為技巧是如何在七個不同的階段中靈活運用，由開始幫助案主增加改變自己的動機，到中間如何建立自身目標並向目標邁進，直到最終案主可以完成自己建立的任務。

一、欣的復元歷程

1. 背景

　　欣的母親是個較容易焦慮的人，故欣自幼都被約束得嚴。因擔心女兒的安危，母親會禁止欣晚歸及外宿，一般年輕人的宿營社交活動，欣都不能參與。由於限制較多及太受保護，欣的社交生活及能力、朋輩關係、解難能力等的發展均受到一定影響，亦十分容易焦慮。

　　26 歲的時候，欣因不能適應工作環境的轉變，感到壓力極大，患上思覺失調。欣開始時出現幻聽及妄想症狀，她覺得被別人跟蹤，感到所有人都對她不利，不願意信任別人。感覺這個世界很危險，焦慮的情緒便更加嚴重，她經常情緒低落、失眠、睡眠質素很差。在這種情況下，家人決定帶她前往醫院就診，經藥物治療後，大部分病徵已得到控制，但藥物的幫助只限於此，在生活中，她總是抱有太多擔心、滿腹焦慮。

　　出院約三個月後，為了鼓勵她參與活動，醫院將她轉介至精神健康綜合社區中心接受服務。於是欣開始在中心參加日間活動，並開始接受工作員的復元輔導。

2. 介入情況

（1）第一階段：注入希望及改變動機

欣是個服從性頗高的人，她剛被轉介到中心時，因仍未找到工作，日間無所事事，反正未有工作，所以願意來中心活動活動，對於自己的復元沒具體想法。

在某種程度上，她也明白自己容易焦慮，以致影響自己維持工作。根據過往的經驗，欣本身資歷背景良好，能有許多面試機會，所以獲得工作不難，但往往是稍遇困難，就容易放棄。其次，由於病發的經驗給她帶來巨大衝擊，現時她每遇壓力，「我一定做不來！」「我一定會再復發了！」等的自動化思想，會令她極為憂慮，最後就是選擇逃避。例如面試中的一些常見考問，已足以使她聯想到將來面對的工作壓力，以及自己不堪壓力而病發的模樣。由於她本來是因工作壓力而病發，對日後重投職場尤其容易擔心。工作員感覺她改變現狀的動機不差，只是沒辦法解決焦慮的障礙，所以對前路茫然，不敢抱有希望。

這時候的欣，不知為何自己會比別人更容易緊張和焦慮，於是感覺沒有出路。直至透過身心思維自我分析，她認知了自己情緒、身體、想法、行為的反應模式，及三者之間的惡性循環關係。

工作員以認知行為治療的工具，跟她一起繪畫惡性循環圖，讓欣明白自己每次遇到困難時，會自動產生很多災難化思想，傾向誇大問題的嚴重性，並低估自己應付的能力，加上對復發的過分憂慮，於是很快採取逃避的安全行為，如此，她給自己製造了許多失敗經驗，並加強了她相信自己沒能力應付難題的信念，以後她只會愈來愈害怕困難。惡性循環圖呈現了欣的慣性模式與問題所在，使欣對自己的情況帶來新的覺察，最重要的，是明白解決自己焦慮問題、及改變自己

的方向。

(2) 第二階段：識別需要

繪畫惡性循環圖不單為欣對自己的復元帶來希望，且可以讓她明白自己的需要。

工作員與欣深入傾談時發現，她的焦慮來源除了工作上的挑戰外，人際關係也會給她帶來壓力。原因是她會害怕與陌生人相處，每遇陌生人就十分緊張，總覺得同事在背後抨擊她，這也影響了她發揮自己本來擁有的能力，這裡出現另一個惡性循環，她的能力未必如她所想那麼差。

工作員也讓她進一步明白，每個人面對新的挑戰，都會出現或多或少的緊張生理反應，如心跳加快、冒汗、無胃口、肌肉繃緊等，這是自然的。以前的欣，每有這些反應，隨即變得眼神空洞、腦內空白，如同暫停運作的機械，手上一切工作都停下，以為是復發先兆，於是更加緊張。透過正常化的效應，欣就不再因害怕自己的焦慮而將緊張加倍了。

在復元路上，欣其實十分渴望像其他朋輩一樣，有自己的工作和收入，能對將來有許多憧憬。至此，欣更加明白她當前最大的需要，是努力打破那些惡性循環。

(3) 第三階段：建立發展目標

開始時，欣以找到工作為她的目標，經歷上列分析後，她明白要維持工作，她須首先克服焦慮。另外，工作員也讓她進一步了解，要改變自己的焦慮情緒，可從改變生理、思想和行為三方面的策略入手，如此，整件事情便有了更多出路。能力感低亦是欣容易焦慮的一大原因，所以除情緒管理外，提升能力感是另一個目標。工作員跟欣

協定每兩星期見面一次，一起討論如何達成目標。

　　在復元輔導過程之中，欣有遇到工作實習機會，戰戰兢兢的她又即將開始一份新的工作。不過這一次跟以前的分別，是她多了對自己的覺察，且有工作員成為她復元路上的支持，並引導她逐漸克服自己的焦慮，以往總是輕易辭職的她，現在訂下的短期目標是至少完成三個月的試用期。

(4) 第四階段：探索內在及外在資源

　　欣雖然擁有不少優勢和資源，但不自信的她不容易察覺，即使別人指出了她的長處，她也不易承認。個人能力評估表是一個很好的工具去幫助她探索這些資源，在完成評估表的過程中欣發現自己在不同方面擁有的優勢與資源。評估表很清晰地讓欣看見，她其實擁有許多外在資源，如她和身邊人有着良好的關係，有親密的朋友，且與家人相處和睦。此外，欣現在接受中心的服務，且積極投入中心活動，這也是支持她的重要資源。欣開始覺察到在她的生活圈子中存在良好的支援網絡，是她在復元路上很有力的支持。

　　欣過去並非沒有成功的經驗，只是她往往忽視及貶低之。工作員曾經和她用我的餅圖（Pie Chart）來讓她分析自己過往面試的成功，有多少比率是因為個人能力，又有多少是因為外在因素。開始時欣很快把成功歸因於外在因素，如老闆性格好、家人支持、運氣好等等。她覺得自己的成功是靠他人建立的，自己並沒有值得欣賞的地方。但仔細分析後，她認知了內在因素原來佔了相當比重，例如：她願意嘗試、面試表現很好等，工作員讓她明白這點冒險的心，是她邁向復元的重要條件之一，這使她肯定了自己的能力。欣從過去貶低自己，到現在學習欣賞自己。

　　從欣參與中心活動的表現，工作員留意到欣一些正面的個人特

質，包括：準時守約、做事認真、細心、負責任，對活動積極投入、樂於與人合作等。這些特質都是她重要的內在資源，工作員的欣賞與肯定也加強了她的自我欣賞能力，欣漸漸看見自己更多的長處。

（5）第五階段：設定任務、策略及計劃以達成目標

在復元路上，欣逐步向着自己的目標前進。在提升能力感的目標上，工作員與欣商討怎樣運用做事認真負責的優勢，在中心實踐不同的小任務，如佈置中心、協助進行活動、帶領其他會員玩遊戲等等。雖然起初不免有錯漏，但難得的是，欣樂意繼續嘗試，在別人的鼓勵下，即使遇到困難也願意去面對，憑着這些個人優勢，她在活動助理的任務上做得愈來愈好，成功經驗也慢慢累積起來。

欣漸漸對自己更有信心，為更好掌握怎樣克服在人際和工作兩方面的焦慮，工作員和她一起訂出焦慮排行榜，把她生活中有機會遇到的壓力情境，按焦慮程度的高低排列。然後由最低焦慮程度的項目開始，逐一安排情境暴露（exposure），以幫助她克服緊張。第一級是「與陌生人接觸」，第二級是「延續與會員的話題」，第三級是「站在群眾面前」，第四級是「帶領熱身活動」，第五級是「分享復元經歷」。不同級別的焦慮情境，工作員都設計和安排了相對應的任務讓她去試，並利用五常法協助她定立一些實際可行的策略來克服焦慮。大部分時間欣要求有讓她有安全感的人在場，使她能放鬆去做；但有些時候工作員也會按情況讓她自己去嘗試。也許她不是每個情境都挑戰成功，但透過繼續嘗試與調整，欣逐漸地進步。

針對欣對面試的恐懼，工作員在她面試前跟她進行角色扮演，跟欣一起思考面試的問題，並讓她進行實際練習，事後再助她明白自己如何受負面思想影響。欣能夠認清自己的災難性思想陷阱，而她能更快意識到自己的焦慮，並運用五常法來停止負面想法。當她對自己

的思維模式認知越多，欣在焦慮情境中的突破也越多。

　　完成所有情境暴露的任務後，欣決定迎向進一步的實戰。在中心安排下，她獲分配到一間公司開始文職實習工作。開始前，為了達成目標，工作員與欣商討可行的方法。欣希望自己若有辭職的衝動，須先和工作員面談後才作決定。實習期間，欣往日的惡性循環仍會出現，辭職的想法一再萌生，但欣謹記自己的目標，她忍過了一次又一次的衝動，沒有真正做出辭職的舉動，可見她忍耐焦慮的能力已比從前高了。容易外化成功因素的她，並沒有將這些堅持看作是自己的成功，直至工作員跟她一同回顧此成功經驗的過程，她才發現自己的信心和忍耐，是幫助她堅持的力量。欣開始能夠抓緊那份能力感，原來自己是有能力做到的。

　　欣對自己的能力抱有更大信心，工作員於此階段，與欣一起透過良性循環圖（functional cycle）檢視自己持續改變的因素。在第一階段，欣學習以惡性循環圖來探索自己的慣性模式和問題所在，來到此階段，欣對自己的情況有更多的掌握，亦開始運用不同的工具來減輕焦慮。在繪畫良性循環圖時，欣進一步認清自己改變的來源和模式，從而穩定自己改變的動力並持續改變。

（6）第六階段：識別對於達成目標的個人及環境障礙

　　每個人在焦慮時都容易出現逃避或保護行為，在欣的案例中，她一旦出現災難性思想，就會逃避，很快就有辭職的決定，離開焦慮現場。在情景暴露任務與實習期間，欣不斷出現想放棄的念頭，逃避的想法充斥着她的內心。

　　在實踐目標時，焦慮也曾成為欣邁向目標的障礙。實習時欣曾試過因為不懂建立電子表格輸入資料而惶恐不安，深陷在工作失敗的恐慌和引致復發的聯想中，於是又再想到辭職。了解情況後，欣提醒

自己運用五常法轉變心情，最後她選擇從慌亂中作深呼吸以定下心神，去洗手間令自己暫時離開現場，回來時再想下一步要怎麼做，以此停止進一步鑽進思想陷阱之中。此外，透過分析引發事件，她漸漸明白這些事並沒有想像中那麼可怕，其實她是有能力應付的。這段期間，欣和工作員每兩星期見面一次，見面時欣會分享她在這兩週內經歷的事，過程中欣一步一步掌握自己的能力，工作員亦給予回應，肯定她的能力，強化她的內在資源。

　　欣經常害怕自己復發，但對復發的了解卻不多。沒有掌控感是精神病患者常有的感覺，欣想像中的復發是無可避免且不能自救的，甚至一天沒胃口吃飯就擔心是復發。因此工作員助她對思覺失調有正確的認識，明白復發不是突如其來、全無徵兆的，並學習如何預防復發，留意身體警號，好好管理自己的精神健康。

(7) 第七階段：持續檢討及回應

　　三個月實習期終於完成，欣順利地達成了穩定工作三個月的目標。

　　上列邁向目標，克服障礙的整個過程，工作員不斷與欣檢視自己的成功經驗是怎樣形成的，令她更確實地把握自己製造成功經驗的關鍵。累積成功經驗後，相對以前的惡性循環，她看見一個新的良性循環，並發現自己的長處及能力，這令她信心大增。

　　除此以外，工作員也用「舊我／新我」這個工具與欣作回顧，讓欣回想剛來接受服務時的自己是怎樣的，再對比現在的自己。對比之下，欣就更加確認自己的許多改變。工作員也和她一起去看這些改變是來自她自己的努力和付出，幫助她加強能力感與自我認同。

　　欣成功達標後，隨着實習期的結束，也結束了在中心接受的服務。欣不再依賴工作員與中心，展開了新生活。

3. 成果

走過復元之路，欣有着不一樣的生命故事。對復發的恐懼大大減少，她不再因恐懼復發而輕言放棄。欣由懼怕復發，到現在洞悉內心想法，敏銳覺察焦慮對她的影響。她對自我能力多了一份了解，能看見自己內在的長處，自信自己可以應付到工作，能力感增強了不少。而正因為她覺得自己有能力解決問題，獨立自主性也比以往增加了。

實習企業也認可她的工作能力，延長聘請欣。有了工作後，欣不單在工作上能發揮能力，使她更有自我價值感；融入社區更讓她找到自我身份認同，感覺自己是社會的一份子。在工作崗位上，欣更有信心與同事溝通，亦更有自信與人相處。

二、安的復元歷程

大部分來到精神健康服務的人心理上仍未準備好復元，工作員須按其具體情況，慢慢引導他們走上復元之路。

1. 背景

安是一位 39 歲的女士，未婚。她的原生家庭有父母及兩位弟弟，父母於她就讀中四時離婚，其後母親再婚並獨自搬往第二任丈夫家中，安則與兩位弟弟同住，她跟弟弟關係惡劣，彼此之間經常出現衝突。

安的性格內向，不容易信任別人，也不太樂意分享私事。因不願與兩位兄弟同住，經常搬家，也曾與男友同居，最後遷入中途宿舍。因長期居無定所，安對人及環境較難建立安全感。

安於 2009 年被確診患上抑鬱症。病發時，安出現很多負面思想，有自殺念頭，家庭衝突亦使她的抑鬱症愈發嚴重。2014 年，安始於中途宿舍接受復元服務，初時她十分抗拒接受幫助，入住宿舍純粹因為沒有住處，在言談間時常表示自己沒有選擇，無可奈何下才會要跟個案工作員對話。

2. 介入情況

(1) 第一階段：注入希望及改變動機

工作員在初階段先與安建立信任，讓她慢慢感受到工作員真誠的關懷。她在入住宿舍初期容易與人發生磨擦，且較難控制自己的脾氣。工作員須避免擔任執行紀律的角色，着重關心她的內心感受，使她感覺被接納，減少對工作員的抗拒，並慢慢建立起信任關係。

為給予安足夠的空間，工作員並沒有硬性規定見面時間，以平日在宿舍碰上時的聊天，取代在輔導室的正式面談，盡量使她感覺舒服。此外，工作員在談話過程中經常對她表達欣賞及稱讚，肯定她願意接受宿舍服務這一舉動，讓她明白這已經是踏上改變的第一步。

安起初接受服務時表現抗拒，對她來說，入住中途宿舍並遵守宿舍的規定是無可奈何的，相比住在自己家裡，經常與家人衝突，住宿舍是沒有其他選擇下的決定。在此情況下，她一直認為自己的人生「沒有選擇」。在聊天過程中，工作員發現「選擇」對安來說非常重要。首先，工作員認同她沒有選擇的感覺，然後讓她明白自己在復元過程當中之目標設定及所進行的所有活動，絕對是由她自己選擇和決定的。

這做法能有效地為安注入希望和改變的動機，使她明白自己的人生是可以自主的。及後亦助她轉個角度看，明白中途宿舍是她可以

運用的社區資源，以幫助自己復元，在宿舍居住可給自己一些時間，整理自己的生活及為將來打算，這使她對自己處境有更多的了解並看到事情好的一面。

（2）第二階段：識別需要

透過讓安填寫個人能力評估表，工作員與她一同檢視她所擁有的資源、優勢，及對將來的願望。個人能力評估表能十分有效地幫助安檢視自己的狀況，發掘已有但未被使用的資源——藝術的天賦；同樣，在過程中她所缺乏的部分，工作員也協助她識別出來。

在安填寫以往經驗時，工作員了解到她自 2009 年病發至 2014 年期間，有很長一段時間未有正式工作，她對勞動市場的認知還停留在待業前的階段。例如：她以為再培訓課程只有家務助理、保安員等選擇，其實現時已很多元化，如有插花、泡咖啡之類課程，但她並沒有這方面的概念。工作員因應安的需要向她介紹有關資料，幫助她補充此部分的不足。

在這一階段，工作員也覺察到安並未預備好處理個人問題。從傾談中，工作員發現她對抑鬱症認識不多，過分倚重自己的感覺而不相信醫生，當她感覺自己情緒較好時就自行停止服藥，亦會不理性地跟醫生爭論藥物的份量與種類。此外，她對自己的情緒也有誤解，以為自己情緒已經很好了，但不察覺自己會因小事牽動更大情緒。明顯地，安有需要學習情緒管理，然而她未意識到這點，工作員此時亦給她空間，讓她先處理自己認為更重要的事。

（3）第三階段：建立及發展目標

安過去在工作上有很多失敗經驗，要不面試失敗，要不上班一兩天便感覺應付不來而很快辭職，很多時候是人際關係上的困難。這

些失敗經驗令她只看求職廣告，而不敢作出實際行動去求職，也害怕與人相處。

　　個人能力評估表的其中一部分是填寫個人想達到的目標，這裡安寫下了三個目標：① 成功找到工作；② 改善與人的相處；③ 獨立生活。詳細了解後，工作員發現安與許多復元人士的想法一樣，認為只要找到工作就可以解決所有問題，有工作就有精神寄託，精神狀況和各樣事情都自然會好，也就可以獨立生活了。但因她長期未能成功就業，一直處於求職失敗感到氣餒及情緒困擾的惡性循環中。此外，她消極的情緒處理方式，也形成不能與人和諧相處的惡性循環。所以，她需要優先處理其情緒問題，以脫離惡性循環的僵局。在這個階段，工作員的主要工作是協助她把優次排列好。

　　工作員使用了認知行為治療常用的技巧——惡性循環圖，讓安認知其惡性循環是如何發生。以她平日在宿舍與人相處的事件為例，安與宿友或職員相處時很沒耐性，一言不合就發脾氣，不發一語拂袖而去。且她習慣把情緒壓抑，沒有妥善宣洩，衝突之後她又害怕別人對她有負面評價，情緒更加受困，這樣的模式一直重複出現。當安對工作員較為信任後，工作員可向她反映當她發脾氣時對方會有何感受，她可以用怎樣更好的方式表達情緒。藉此，安漸漸明白學習管理情緒的目標較尋找工作優先，且這與人和諧相處密不可分，能穩定工作，經濟上便可令自己獨立生活了。

　　另外，工作員亦使用認知治療的工具——身心思維分析表，透過分析一些與職員相處時的事件，她認知了自己在事件中的思想模式，發現自己經常跌進「猜度人意」的思想陷阱中，容易猜想職員不喜歡她。當聽到職員的回應，才知道自己所想的並非事實，她的猜想經常給她帶來負面情緒。

　　最後，安將自己的目標優次重新訂定如下：

① 學習情緒管理和與人相處時的態度及方式；

② 重新投入工作，有穩定收入；

③ 獨立生活，擁有屬於自己的空間。

（4）第四階段：探索內在及外在資源

透過個人能力評估表，安發現了自己很多內在資源，亦知道環境中有甚麼外在資源，和可以怎樣取得這些資源以幫助自己復元。

在內在資源方面，她重新記起自己對畫畫、插花等藝術活動很有興趣，亦有藝術才華。工作員得知後，常邀請她參加宿舍的藝術活動小組，在活動中她十分享受，也獲得許多讚賞，這令她很開心和滿足。這些新的經驗使她知道自己有不少才能，只是因患病而放下和忘掉了。

一些曾被安視為障礙的東西，隨着時間過去變成了她的外在資源。因她愛靜及怕麻煩別人的性格，安不喜歡和很多人相處，故入住宿舍令她最難受的，就是人太多、缺乏私人空間。當她參加宿舍的藝術活動後，她在人群中得到許多認同、欣賞與稱讚。其後她又漸漸發現，宿舍裡聚集了不少同樣經歷過情緒困擾的人，而這些朋友比其他朋友更能了解她的感受，是很好的傾訴對象。於是宿舍的朋友漸漸也成為她的外在資源。此外，工作員亦介紹安參加與藝術有關的再培訓課程，擅用這些外在資源，發展其個人興趣和能力。

（5）第五階段：設定任務、策略及計劃以達成目標

在這個階段，安與工作員已有一定的互信關係，她對改變的動力亦大大提升，會主動尋求改善方法。此時工作員便可運用更多認知行為的工具介入，更深入地幫助安改善情緒，邁向自己的目標。使用的技巧包括：情緒溫度計、身心思維分析表、五常法、建立成功經

驗等。

　　以五常法為例，容易猜度別人不喜歡自己的安，遇到與人相處的困擾時，懂得了常反問自己，是否真的有證據證明別人不喜歡自己呢？藉此幫助自己及時逃離思想陷阱，避免了負面情緒的困擾。

　　工作員又幫助安記錄自己成功處理問題的經驗，詳細分析其中歷程，相對惡性循環圖，她也畫出一個新的良性循環圖。

　　善用的優勢方面，工作員邀請安在節日時為宿舍進行佈置，由設計至佈置工作，她都應付自如，且效果甚好。這十分有效地使安發揮所長、建立自信和能力感。

(6) 第六階段：識別對於達成目標的個人及環境障礙

　　到第六階段時，已可以在安的身上看見明顯改變，她也能清楚了解自己的狀況。在達成情緒管理的目標上，安的障礙是她很難相信別人的性格，因為過往有太多與人相處上的負面感覺與失敗經驗，這使她對主動建立友好關係十分謹慎。有一次，安例外地給一位曾與自己發生過衝突的舍友送上小禮物示好，該舍友給她的反應非常正面。工作員利用這一真實經驗，讓安明白人際關係並非如她所想的，以往她認定別人不喜歡她，關係交惡了或曾有嫌隙之後就無法再修補，工作員把她這經驗擴大，令她這方面的想法不再僵化，更富可能性。

(7) 第七階段：持續檢討及回應

　　工作員在協助安復元的整個過程中，均持續地使用認知行為介入法的工具去記錄她的改變和所帶來的影響。例如，每次與她會面時用情緒溫度計讓她具體知道自己情緒的改變，也常常用身心思維分析表與她一起重新審視所經歷過的事情。此外，工作員也持續給予安回應，一方面令她確知自己已有改變之處，另一方面，也會在她的老問

題出現時成為提醒。

3. 成果

　　通過復元導向的認知行為介入法，經歷了以上七個階段，安的情緒有了明顯的改善，發脾氣的情況大幅減少，也樂於與人分享自己的生活感受。安為自己所訂立的三個目標，均有很大程度的達至：

　　① 由於她的情緒問題得到改善，人際相處同時變好；

　　② 在計劃進行期間，安已能穩定地工作，且任職已持續半年；

　　③ 在各方面穩定後，工作員將會協助她申請公屋，所以，她正邁向獨立生活的願景。

第三章

復元第一階段：
注入希望及改變的動機

在復元歷程的第一個階段中，主要的工作重點是幫助案主建立希望，並激發他改變的動力。這個階段在復元工作中是極為重要的，因為不少案主在復元初時都是生活在一種「被捆綁的自我」狀態中，被動、對生活沒有希望，看不到任何自己可以改變的地方。如果在第一階段可以幫助案主開始意識到自己被捆綁的人生狀態，並且明白是甚麼原因讓自己被困，對案主來說這是一個重要的發現。同時當案主發現自己被捆綁的原因後，他也會意識到自己若能在某些地方作出改變，生命將會變得不一樣。

前文提過有幾種方法可以達到以上目的，包括：（1）欣賞和肯定案主的能力；（2）幫助案主認識自己在生活上慣常出現的惡性或良性的循環；（3）帶着更多的好奇心去嘗試了解案主的情況。以下會用一個案例，深入地介紹在此階段可用的認知行為治療的技巧，及其如何運用於復元的第一階段，包括：情緒溫度計、身心思維自我分析、思想陷阱。

一、 介入工具：情緒溫度計、身心思維自我分析、思想陷阱

1. 案主背景簡介

高太太為家中的獨生女，是備受照顧的掌上明珠。自幼以來，爸爸因終日忙於工作，相處機會不多，因此，母親就是她世上最親密的人。母親帶着她出門的樣子、寓教於日常生活小事件的神態、偶爾對她發脾氣時連打帶罵的表情、說話中帶點激動的模樣，她都一一清晰記得。

然而，父母在她年紀尚輕時已相繼過身，孑然一身的她，陷入

悲傷與迷惘，她感覺自己孤苦伶仃，多少次想通過自殘，追隨父母而去。時光帶給了她成長，她養成了懂事、獨立、堅強的性格，習慣獨自一人面對生活中的困難。能幹自主的她，向來都會為自己的生活訂下一個個的目標，並奮力朝目標前行。

多年以後她有了自己的家庭，婚後她生下三個小孩，與丈夫過着男主外、女主內的生活。沒有出外工作的她，獨力照顧三個子女，常感覺壓力甚大，丈夫並不能分擔她照顧子女的壓力，也完全沒有參與管教孩子，這令她倍感難受，並承受着巨大的教養子女的壓力。

高太太除了丈夫子女以外別無親人，所以當她遇到問題，往往只能獨自面對。在長期沒有支援的情況下，高太太的情緒健康漸受影響，遇到孩子不聽教或是不專心做功課，高太太都十分惱怒，動輒責罵和體罰，因此親子關係亦變得很緊張。在不和諧的親子關係與她的負面情緒同時影響下，孩子們行為更加反叛，如此一來，高太太的脾氣也變得更暴躁了。慢慢地，她察覺自己的情緒產生了變化，如經常情緒低落、無故流淚、做事失去動力、持續失眠、更恢復以前曾有的自殘傾向。

幸而高太太察覺力強，願意接受協助，也渴求改善自己的狀況，於是主動就醫，才發現自己患上抑鬱症。在診所轉介下，她在精神健康綜合社區中心的社工協助下開始了她復元的旅程。

2. 復元的第一階段情況

希望感及改變的動機，對開始復元之旅至為重要。開始時，高太太改變的動機甚高，因為她很愛自己的孩子，不希望他們受到自己情緒的影響，破壞親子關係，也不願自己常困於抑鬱之中。然而她不能控制自己的負面情緒，更找不到改變的良方，感到十分無助與無望。

　　有見及此，工作員讓高太太明白透過學習，她可以提升掌控自己情緒的能力，以此提升她對復元的希望。要管理自己的情緒，首先她必須明白自己負面情緒的來由。工作員運用了認知治療的工具——身心思維自我分析表，以她日常生活發生的事件作自我分析，使她明白人在事件影響下，身體、情緒、想法及行為如何互相影響。運用身心思維自我分析表的同時，工作員也協助高太太認知人的想法，但很多時候並不客觀，容易跌進思想陷阱，使她進一步明白和察覺自己在事件發生時，往往自動化地產生甚麼樣的負面想法，因而引發負面情緒。因此若要改變負面情緒，可以從改變身體狀況、想法或行為入手，而檢視自己容易跌進哪種思想陷阱，是管理情緒重要的一環。高太太一旦有以上認知，情況就變得充滿希望。

3. 技巧理念與使用目標

　　使用身心思維自我分析表的主要目標，是幫助案主在面對困擾時，可以有效地察覺自己的反應：包括身體、情緒、思維及行為四方面，特別是讓案主明白思想與其他反應的關連性。而思想陷阱這工具，是介紹十種一般人容易有的不良思維模式（表 02），並引導案主察覺自己慣常出現的模式，明白這些思維模式與自己過往生活經驗的關係，及其帶來的不良後果，包括：情緒困擾、影響人際關係、帶來個人壓力等。這不但讓案主提高自我了解，更是讓案主識別自己的問題所在，是達到掌控自己情緒的重要基礎。

表 02. 思想陷阱類型

思想陷阱類型	解釋
（1）非黑即白	即「絕對化」思想；事情只有一個絕對的結果，不可能存在其他可能性。換句話說，陷入此思想陷阱的人對事情的看法只有「是」或「不是」，「錯」與「對」，中間沒有灰色地帶。
（2）攬晒上身	即「個人化」思想；每當出現問題時，有這種思維的人往往把責任歸咎於自己身上，並認為是自己的錯。
（3）貶低成功經驗	有這種思維的人把成功經驗歸因於別人，會認為成功只是僥倖或沒有甚麼了不起，並沒有體驗到自己努力所至成功的經歷。
（4）大難臨頭	把事情的嚴重程度擴大，推至災難性的地步。
（5）打沉自己	有這種思維的人不斷向自己說負面的話，以致意志消沉。
（6）妄下判斷	在沒有甚麼理據下，把事情的結果推斷為負面。
（7）左思右想	面對事情不斷重複思考，而思考內容是互相矛盾的，不果斷，猶豫不決。
（8）感情用事	以心情作判斷或結論，心情壞的時候甚麼都有問題並忽略事情的客觀事實。
（9）怨天尤人	忽略或推卸自己的責任，凡事歸咎他人或埋怨上天。
（10）猜度人意	揣測別人的行為及神態背後的心思意念。

　　身心思維自我分析表很多時會與另外一個認知行為介入工具情緒溫度計一起配合使用。情緒溫度計的用法是每次工作員與案主開始談話前，先邀請案主為自己過去一周的情緒給予一個評分，一分代表最差，十分代表最好，工作員不但可大概了解案主近期的情緒狀況，

且能因應案主的評分，追蹤最近生活中有何事件引發情緒的起跌，從而引進事件的身心思維分析。

4. 實際操作流程

　　為了讓案主更加清晰易見，工作員引導案主作身心思維分析時，多會預備筆和有關工作紙，盡量用繪畫圖表的方式進行（工作紙01）。在案主分享困擾事件後，會將事件簡略寫在工作紙上，再請案主寫下自己在事件中身體、情緒、思維和行為四方面的反應。有些案主不大習慣識別或表達自己的各種反應，工作員會預先準備一些輔助工具加以協助，包括：身體反應檢查表、情緒面譜，讓案主較易辨識（表 03、表 04）。

　　工作員須協助案主羅列事件發生當時自己的所有情緒反應，然後以一至十分來評量每項情緒的嚴重程度，以辨識何種情緒佔主導地位，然後再問案主事件發生當時自動出現的想法。一般來說，尋找事件背後自己的想法，很多時對案主是較大的挑戰，此時需要工作員有技巧地問案主一些問題，才能探討得到。

　　案主羅列自己所有情緒及想法後，工作員會引導案主看見自己哪些想法決定了當時主導的情緒。此時，工作員也助案主明白不同的人對同一事件可以有不同思想反應、不同想法，可以帶來截然不同的情緒。然後，工作員會介紹並解釋十種常見的思想陷阱，並以正常化技巧使案主明白思想陷阱是十分普遍的，並不是自己特有的問題。同時，也協助案主辨識自己在事件中跌進了哪個／哪些思想陷阱，因而產生負面情緒。

　　工作員會多次輔助案主做以上的身心思維分析，讓案主熟悉並懂得獨立去做，且察覺自己會否有一個固定的思維模式。

表 03. 身體反應檢查表

當你的情緒起伏時，你的身體有否發出以下「警告訊號」？

警告訊號	沒有	有
心跳急促	☐	☐
驚恐	☐	☐
呼吸不暢順	☐	☐
口乾／口水分泌過多	☐	☐
失眠	☐	☐
面紅耳熱	☐	☐
肌肉繃緊	☐	☐
頭痛	☐	☐
頭暈	☐	☐
背痛	☐	☐
頸梗膊痛	☐	☐
手心冒汗	☐	☐
手腳冰凍	☐	☐
胃部不適	☐	☐
食慾不振	☐	☐
注意力不集中	☐	☐
其他：＿＿＿＿＿＿＿	☐	☐

表 04. 情緒面譜

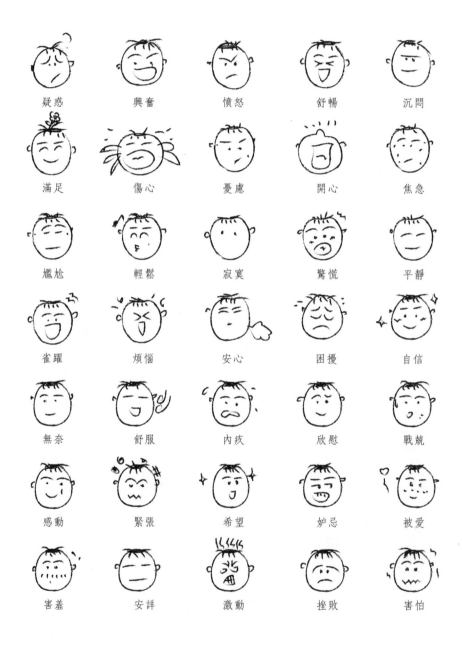

疑惑	興奮	憤怒	舒暢	沉悶
滿足	傷心	憂慮	開心	焦急
尷尬	輕鬆	寂寞	驚慌	平靜
雀躍	煩惱	安心	困擾	自信
無奈	舒服	內疚	欣慰	戰兢
感動	緊張	希望	妒忌	被愛
害羞	安詳	激動	挫敗	害怕

5. 個案操作範例

　　在高太太的復元過程中，工作員多次使用身心思維自我分析表去幫助她，其中一個例子是這樣的：

　　有一次高太太的兒子考試成績有明顯進步，並將這個好消息告訴母親。高太太收到成績表時，心裡有點欣喜，但當她望向月曆，隨即意識到即將有另一個考試來臨──欣喜的心情很快被憂慮淹沒了。她開始擔心起來，甚至在與工作員會面時，這擔憂也深深影響着她。當日面談時，工作員便以此事件助她作身心思維自我分析。

　　工作員請她描述當自己望向月曆的那刻，身體出現甚麼反應。她很快就能說出當時自己的頭像火山爆發一樣的痛。如十分為滿分，

表 05. 高太太的身心思維自我分析表

身體反應
頭痛（8分）

觸發困擾之事件
當我看到兒子考試成績有進步，然後再望向月曆時，看到兒子快要應付下次的考試的時候，我便好擔心

情緒反應
擔心（9分）
沮喪（6分）

行為反應
- 開始計劃兒子的溫習時間表
- 催促兒子溫習

思維反應
我好擔心兒子因為成績進步而自滿和變懶，亦好擔心他保持不到成績而大大退步，這樣，便一定會嚴重影響日後升學，將來沒有學校肯收錄他了。（大難臨頭）

表 06. 我的思想陷阱類型測試

思想陷阱的類型	十分同意	同意	沒有意見	不同意	十分不同意
非黑即白					
攬晒上身					
貶低成功經驗					
大難臨頭					
打沉自己					
妄下判斷					
左思右想					
感情用事					
怨天尤人					
猜度人意					

她表示自己的頭痛有八分之高；其次在情緒方面，她能識別自己有八分的擔心和九分的沮喪。這些偏高的分數，都顯示她的身體和情緒深受影響，可見情況之嚴重。

　　她這些反應的背後想法，是她認為兒子這次獲得好成績後會變得驕傲，於是把學習的腳步放慢。另外她又相信兒子一旦無法保持分數，成績就會大大退步，成績退步了，便會影響升學，甚至聯想到將來不能入讀心儀的學校……兒子還不到十歲，高太太已無法控制自己災難化思想，愈想愈差。

　　行動反應方面，高太太在兒子派成績表當日，即開始為兒子策劃新的溫習時間表，並用各種方式催促他學習。面對媽媽如此催逼，

兒子當然抗拒，看見兒子抗拒的反應，高太太更加認定兒子是學習不認真、不專心，焦慮指數就更高了。（附當時高太太填寫之工作紙，表 05）

工作員進一步向高太太介紹十種思想陷阱（表 06），聰明的她不但很快領悟到自己的想法如何影響情緒，並能辨識出自己因跌進「大難臨頭」的思想陷阱中而致情緒受困。

6. 成效

高太太是個認知能力頗強的人，因此上列認知行為治療的工具對她非常有效。她不單很快明白和掌握了身心思維自我分析的技巧、很容易辨識出思想陷阱的種類，且對工作員十分信任，對自己的洞察力也相當有信心。

透過運用身心思維分析表，並運用案主的實例，令她容易明白管教時自己的想法如何影響她的情緒、身體和行為反應。從中案主明白因此會帶來不良的結果，便是影響親子關係和個人情緒健康，從而增強她改變的動機。

在應用此工具前，她認為問題在兒子不肯認真溫習、不聽教及對她反叛的態度。經過身心思維自我分析後，她才明白其實問題根源在於她的不良思想模式，而她的思想模式是她長期以來在沒有支援之下生活的結果。因此若要不再打罵孩子，進一步建立良好親子關係，學習情緒管理及有效的管教技巧，是她復元的首要目標。而高太太的長遠復元目標，應是建立自己的支持網絡，日後在遇到生活大小困難時，有人可給她關懷與協助。所以對這個案例而言，上列的認知治療工具不但為案主注入希望，增強改變動機，更為案主訂立復元目標起了很大的作用。

7. 反思

　　工作員認為在輔助案主復元過程中，運用身心思維自我分析表及思想陷阱工具時，必須留意案主的認知程度，因為並非每一位案主都像高太太那樣理解能力很強。因此工作員必須思維清晰和仔細耐心，用案主能夠明白的方式溝通，引導案主領悟。另外在分析探索的過程中，工作員須盡量減少把答案直接告訴案主，着重引導案主經歷思考，如此案主才能夠真正領悟。

　　另外，進行理性分析的過程亦須照顧案主的情緒需要，應給予足夠空間及時間讓案主表達情緒，工作員也須保持接納和開放態度，對案主表示理解。在優勢為本的復元概念下，經常留意案主值得欣賞之處，更不可缺少對其表達肯定。在高太太的案例中，工作員和她一同進行自我發掘的過程裡，可以看見她的覺察和領悟能力都比較高，工作員會主動表達欣賞，以幫助她接納和欣賞自己，確認自己潛在的個人優勢。

第四章

復元第二階段：

識別需要

在第一階段中，工作員已協助案主意識到自己被捆綁的人生狀態，並明白是甚麼原因令自己被困，有了改變的動力。第二階段的任務，是幫助案主了解自己需要在哪些地方作出改變，以便於下一階段按那些需要為自己訂定復元目標。以下會用案例詳細介紹如何在此階段運用惡性循環圖及均衡生活檢視表兩種認知行為治療的工具，協助案主識別自己的需要。

一、介入工具（一）：惡性循環圖

1. 案主背景簡介

關於案主欣的背景介紹，已在本書第二章（參見第 34 頁）部分詳述。

2. 復元第二階段情況

剛踏上復元旅程時，欣在各方面都缺乏信心，特別是在面對工作時，她沒有信心自己能好好應付，又時常擔心自己的病症會復發。對於復發的知識，她沒掌握多少，也沒有信心去處理。工作員很想讓欣對自己所面對的問題有更完整的了解，看見問題核心所在，於是運用繪畫惡性循環圖來幫助她清楚自己的需要和改變的方向。可見惡性循環圖能同時做到注入改變的動力與希望和識別需要。

3. 技巧理念與使用目標

情緒問題往往可以從引發情緒的事件一窺究竟：不良的思維方式會讓人對事件產生負面的身體反應、思維反應和情緒反應，這些反應影響人作出負面的行為，而這些行為反應往往又會進一步觸發自己

或別人負面的回應或負面後果，因而再影響到案主本身。這一連串的負面經驗更會重複地出現，因而不斷鞏固了案主的負面想法及信念，形成一個似乎無止境的、無形的惡性循環。

很多時候案主意識不到自己的惡性循環如何開始和運作，工作員的任務便是協助案主將這無形的循環具體繪畫出來，變成看得見的圖畫，使案主更容易明白，印象更深刻。惡性循環圖讓案主認識到自己一貫的應對方法如何帶來負面效果，進而探討突破的方法。要令不一樣的效果發生，當然要有不同的行動，所以繪畫惡性循環圖給人帶來出路、帶來改變的動力、同時讓人知道自己此刻需要作些甚麼，才能改變現在的局面。

4. 實際操作流程

繪畫惡性循環圖可以說是身心思維自我分析的延續。如上一章所述，身心思維自我分析的做法是從案主生活中發生、引起負面情緒的事件中，分析案主的身體、思維及情緒反應，其後請案主分享他在出現以上各種反應後，採取了甚麼樣的行動，此時除留意自己的想法如何影響情緒之外，也引導案主仔細講述當時他的行為表現觸發了自己或別人哪些回應，那些回應反過來又怎樣使案主的問題惡化。通過回憶案主實際上發生過的事件細節，完成惡性循環圖中的各個部分。

完成繪圖之後，工作員問案主從圖中看見些甚麼，給予案主充分時間讓他表達自己的領會，然後工作員再作補充，以豐富案主對問題的認知。然後，便可順理成章地一起探討突破惡性循環的辦法，引導案主看見出路。

另一層次的惡性循環圖，是協助案主做了多次身心思維自我分析後，領悟究竟是甚麼使他的情緒困擾問題維持，甚至愈趨嚴重，因而讓案主知道問題的根源所在。以焦慮情緒為例：案主受以往經歷

影響，每當遇到威脅事件時，一般會誇大事情的危險性及低估自己的應付能力，認為自己沒有足夠能力應付。當他實際遇到引發事件時 → 會自動生起負面思想 → 負面思想激發身體不適及焦慮情緒 → 這令案主更加擔心和焦慮 → 於是採取逃避行為／安全行為（safety behaviors）以保護自己 → 如此案主更加沒法驗證自己應付事情的能力，或無法驗證事情是否如自己想像一樣可怕 → 最後是加強自己無能力應付的信念。

　　惡性循環圖很多時候會與良性循環圖搭配使用，但多用於較後期。當案主能逐漸掌握一些方法去阻止問題的惡性循環，開始實行新的應對事情的方法時，自然會出現一些良性的後果，此時若跟案主繪畫良性循環圖，便可幫助案主看見自己改變的模式，進一步加深對過去改變的理解，清楚知道自己成長的轉捩點。

5. 個案操作範例

　　在一次面談中，欣分享了近來帶給她最大壓力及最擔心的事件。她描述了新工作第一天上司向她解釋各項工作內容及做法的情景。工作員和她一同探索事件中她的身體、情緒、思維分別出現甚麼反應。在身體方面，她察覺到自己心跳加速，手心冒汗；情緒上她充滿緊張與擔心；當提問她當時在想些甚麼，欣回憶起，當上司和她解釋時，她一直在想自己沒能力記得上司所講的內容，和想到上司講的那些工作，自己一定做不來了。

　　在介紹思想陷阱的環節，欣明白了自己容易跌入「大難臨頭」的陷阱，因而產生焦慮的身體和情緒反應。工作員繼續和欣去探索她在事件中的行為反應，她形容當時自己滿心擔憂與害怕，動作完全停頓，腦子空白一片，只想逃離現場。

　　其後，欣也仔細回憶當時別人有何反應。欣說當時上司很快就

圖 02. 欣的惡性循環圖

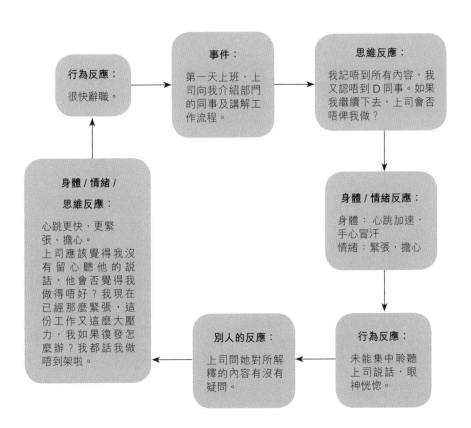

行為反應：

很快辭職。

事件：

第一天上班，上司向我介紹部門的同事及講解工作流程。

思維反應：

我記唔到所有內容，我又認唔到 D 同事。如果我繼續下去，上司會否唔俾我做？

身體 / 情緒 /

思維反應：

心跳更快，更緊張、擔心。
上司應該覺得我沒有留心聽他的説話，他會否覺得我做得唔好？我現在已經那麼緊張，這份工作又這麼大壓力，我如果復發怎麼辦？我都話我做唔到架啦。

身體 / 情緒反應：

身體：心跳加速，手心冒汗
情緒：緊張，擔心

別人的反應：

上司問她對所解釋的內容有沒有疑問。

行為反應：

未能集中聆聽上司説話，眼神恍惚。

圖 03. 欣的良性循環圖

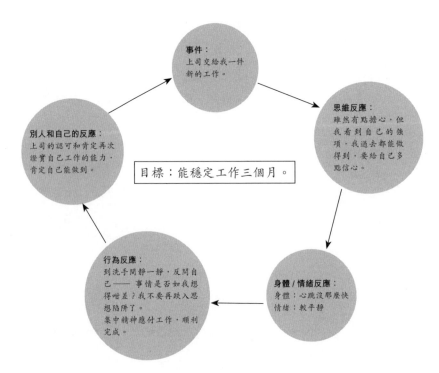

事件：
上司交給我一件新的工作。

思維反應：
雖然有點擔心，但我看到自己的強項，我過去都能做得到，要給自己多點信心。

目標：能穩定工作三個月。

別人和自己的反應：
上司的認可和肯定再次證實自己工作的能力，肯定自己能做到。

行為反應：
到洗手間靜一靜，反問自己——事情是否如我想得咁差？我不要再跌入思想陷阱了。
集中精神應付工作，順利完成。

身體／情緒反應：
身體：心跳沒那麼快
情緒：較平靜

再次問她是否明白，或許是因為對方發現她表情呆滯，看來不太專注，所以就如此向她確認。當上司這樣問她時，欣的心跳更快，愈加緊張和驚惶，肌肉也僵硬起來，於是跌進「猜度人意」的思想陷阱，猜想上司覺得她反應遲鈍，達不到工作要求，一連串的災難思想又排山倒海地來了──上司應該覺得我沒有留心聽他說話，他會否覺得我做得不好？我現在已經那麼緊張，這份工作又這麼大壓力，如果我復發怎麼辦？這份工不適合我，我要辭職了……

　　為輔助欣明白以往經驗如何影響她，工作員也在惡性循環圖的使用過程中加入「比喻」（Metaphor）的技巧。工作員與她分享這樣的一個故事：別人給她一個盒子，她認為盒中有一條蛇，怕蛇的她因此不敢打開那個盒子，嚇得撒手丟了，後來發現盒子裡面其實只有一根繩子。一根繩子比喻作她本來有能力應付的事情。欣的災難化思想就是這麼一回事，她總是把事情想像得太壞，徒令自己懼怕不已，因此每每逃避，但實際上可能事情是她能力可以應付的。為了讓她印象更深刻，工作員除了口頭描述外，也送她一個實際的盒子，方便她日後看見盒子時，可以提醒自己勿再陷入同樣的思想陷阱。

　　當欣掌握了自己的惡性循環圖後，工作員在第五階段與欣探討她改變的良性循環圖。透過良性循環圖，欣逐步認清自己改變的原因和方向，探索解決問題的有效方法，建立更強的能力感，同時亦透過跟進她訂立的目標，令她繼續有動力改變固有的模式。

6. 成效

　　欣看到自己的惡性循環圖，對自己焦慮問題的形成和因果關係，有了全面具體的了解，因着這些認知，欣對自己的情況開始產生多一點的掌控感。工作員協助她進一步分析後，她領會了：

　　（1）她容易跌進「大難臨頭」及「猜度人意」的思想陷阱，令

自己被焦慮所困，然而客觀事情並未必有她想像那麼糟。

（2）原來她遇到事件的行為反應，會影響事情的發展，進一步使自己的緊張情緒升級。

（3）她一向以來很快辭職的逃避行動，原來令她失去展示能力的機會，讓她誤以為自己能力不足。結論是她一直以來沒有客觀地認識自己的實際能力。

（4）打破這個惡性循環是她目前的需要。

（5）她可以選擇不同的應對行為，以打破這個惡性循環。

所以，復元之路的下一階段，她為自己訂立的目標是打破這個惡性循環以克服焦慮情緒，透過不同的新嘗試以提升自己的能力感，以實踐之成功經驗加強自己應付事情的信心。當她再找到一份新工作時，其短期目標是最少完成三個月的試用期，最後她是成功達標，擺脫了很快辭職逃避的慣性模式，並繼續被實習的公司錄用。

7. 反思

在這案例中，工作員以比喻配合惡性循環圖使用，十分適合。對一些未必能回憶起或認知清楚個人情況的案主來說，比喻可以進一步突顯問題的核心，與惡性循環圖一樣可以將情況圖像化地具體呈現出來，使人較易明白，兩者一起使用，有相輔相成的效果。每次工作員想要再次提醒欣的時候，只須取出那個象徵比喻的盒子，她就能提醒自己不再跌進陷阱。

其次，當工作員在使用惡性循環圖時，要小心避免案主把問題個人化了。因惡性循環圖提及許多個人做得不好之處、想法上的偏差及有問題的部分，工作員須不斷利用正常化的技巧，避免讓案主將這些問題理解為自己的不足，覺得一切問題都是自己一手造成的，是自己把問題惡化等。所以從開始至結束，工作員都須給予案主很多鼓

勵，肯定她的能力。當欣分享她第一日上班很擔心做不來的這件事時，工作員給予欣很多肯定，讓她先能夠欣賞自己。在此情況中，復元模式裡肯定案主內在資源的部分，就十分配合了。

二、介入工具（二）：均衡生活檢視表

1. 案主背景簡介

　　阿文今年 36 歲，男性，約有三至四年時間賦閒在家。他在 22 歲時發病，當時的主要病徵是幻聽，聲音內容是說他豬狗不如並指示他去自殺，這使他受到極大的情緒困擾。

　　發病時受到干擾最明顯的是他的工作。中七畢業後他就不再繼續讀書，出來工作，他先後做了幾份文職工作，每份工作做幾個月都會因為精神不集中、覺得自己無用、和同事無法相處，就辭職了。到發病時候工作有三年多時間，之後出現聲音，讓他覺得很害怕，上街時覺得周圍總是有人在笑他、留意他、在背後講他壞話。他在 22 歲時入住醫院，一段時間後出院。過往幾年阿文不斷進出醫院，很多時候這跟他服藥的習慣有關，他覺得自己稍微好一點時就自行停藥。阿文在日間醫院接受了一段時間服務後，醫生轉介他到精神健康綜合社區中心接受服務，希望他多參加活動。剛見面時工作員感覺他很安靜、被動，不太出聲，對自己生活的目標沒有理解，不知道想要做甚麼。和他聊天有一種憂鬱的感覺，他覺得自己甚麼都做不來，有很多負面情緒，經常覺得自己很失敗，無論做甚麼事都做不成，也不相信有甚麼可以幫助自己改善。來時他還在服藥，幻聽徵狀有所減緩，但依然有部分徵狀。

2. 復元第二階段情況

　　阿文初期來中心時，對於要去做甚麼是完全沒有任何主意的，也沒有改變的動力。因為他過往人生中沒有甚麼成功的經驗。他自述來自一個不錯的家庭，和爸爸媽媽、哥哥一起居住。哥哥結婚後搬出去住了，目前他和爸爸媽媽一起，住在私人樓。父母經濟水平較好，是專業人士。哥哥大學畢業，學歷不錯，是專業會計師。相比之下，阿文就覺得自己的情況比較差。從小到大，哥哥讀書很棒，在家備受重視，在學校很受欣賞。他和哥哥讀同一所學校，在中學時代他們的實力不相伯仲，阿文也經常得到學校表揚。但從中二中三開始，阿文覺得壓力變大，開始很難集中精力讀書，成績逐漸下降。到中七的時候，他兩次考大學成績都不理想，最後無法入讀大學。因此阿文覺得自己很沒用，為甚麼哥哥可以讀大學自己卻做不到。最終他鬱鬱寡歡地出來工作，在工作兩三年後發現自己不太能勝任，並出現幻聽徵狀。面對這樣沒有目標和沒有動力改變自己的案主時，工作員有些一籌莫展，不知道怎麼幫助他，於是嘗試使用均衡生活檢視表活動，希望幫助他了解在哪些地方可以發現自己的需要。

3. 技巧理念與使用目標

　　均衡生活檢視表主要是幫助案主嘗試從生活的不同環節認識此時此刻自己的生活狀態，描述理想的生活狀態，從中找到目標和方向。

4. 實際操作流程

　　工作員會給案主一個表格，這個表格中有 12 個不同的人生項目。包括工作、配偶、家人、朋友、休息、娛樂、獨處、體育活動、發展興趣、進修、認識社會潮流或新事物、參加宗教活動（表 07）。

表格左側有 12 個項目，右側有實際投資額和理想投資額兩欄。請案主想像自己有 100 萬，在實際投資額一欄寫下他在生活中每項會放多少錢，總數最多 100 萬，比如工作 40 萬、與家人相處 30 萬等。然後讓他在理想額一欄寫下理想的投放金額，他可能在朋友相處項目實際放 5 萬，理想卻放了 15 萬。從表中工作員看到他理想和現實的差距，從而幫助他尋找他的願望和目標，並且協助他達成。

表 07. 阿文的均衡生活檢視表

假設你現時擁有 100 萬，請你以期望的理想生活模式填寫「理想投資額」，並以現時生活狀況填寫「實際投資額」。

	項目	理想投資額	實際投資額
1	工作	30 萬	萬
2	配偶或男女朋友相處	萬	萬
3	與家人相聚（父母、子女、兄弟姊妹）	20 萬	55 萬
4	與朋友相處	20 萬	10 萬
5	休息	萬	萬
6	娛樂	萬	萬
7	獨處	萬	萬
8	健體活動	5 萬	5 萬
9	發展個人興趣	5 萬	5 萬
10	進修學業	5 萬	萬
11	認識社會潮流或新事物	萬	萬
12	參加宗教活動	15 萬	25 萬
總共：		100 萬	100 萬

5. 個案操作範例

　　當工作員和阿文探討均衡生活的時候，他實際投資部分放 55 萬在與家人相處，與朋友相處 10 萬，健體活動 5 萬，發展個人興趣 5 萬，宗教活動 25 萬。他說因為沒事做，所以大部分時候在家，都和爸媽相處。同時他也很疼侄子，每個星期哥哥嫂子帶小侄子回家，他們都會一起相處。阿文是基督徒，星期天會去教會，也會參加青年團契，在這些活動中他會產生開心的感覺。健體活動通常是和教會的夥伴去逛街、行山、打羽毛球等。發展個人興趣方面，在現實中他很喜歡唱歌，以前也去過青年中心參加唱歌活動，且學過基本的唱歌技巧。

　　而在理想投資部分，他希望有 30 萬投資在工作上；投資 20 萬在和家人相處上；和朋友相處上由之前的 10 萬增加到 20 萬；健體活動和個人發展保持 5 萬；而在進修活動上希望有 5 萬，之前實際部分是沒有的；宗教活動減低到 15 萬。

　　工作員嘗試了解那些他想多加錢的部分，比如工作，阿文說他雖然擔心自己維持不了一份工作，但是希望可以有一份穩定的工作。因為覺得自己已經三十多歲了，希望有收入的時候可以自己出去住，不用靠父母。尤其目前經濟依賴父母，他心裡並不想如此。但當問到他想做甚麼工作，阿文卻沒甚麼想法。和朋友相處方面，他想加多10 萬。他現在朋友不多，從小到大有兩三個小學、中學的同學，他們有時候會一起出來聊天。但是他希望多點時間和中學時代的好朋友有更多的聯繫，但因為自己工作不如意，加之大家生活各自忙碌，所以都沒有跟朋友再保持聯繫。但他內心很珍惜這幫朋友，尤其有幾個人是特別聊得來的。他們在學校時參加羽毛球班，當時阿文是打得很好的學校球手，還參加了校際比賽，也幫學校拿了很多獎項。他很珍惜這些朋友，也希望可以和他們再見面。進修方面，阿文有一個很大

的心願，就是很想讀大學，但當時沒有讀到，但其實他是很想讀些專業的東西並成為專業人才的。同樣，他不知道要在哪一方面進修。

工作員接着詢問，如果在工作、朋友、進修方面他都想有更多的投資，在現時階段，他會怎麼擺放這些方面的優先次序？阿文說第一是朋友相處，二是希望進修，三是工作。因為他覺得目前甚麼都做不好，主要是因為沒有專業技能助他獲得一份好工作。朋友交際方面，他覺得很悶，所以想見那些原來的朋友。工作員根據這個排序，來幫他制定短期的目標。

這個活動主要是幫助阿文檢視目前的生活是甚麼樣，同時理想的生活又是甚麼樣的，然後幫助他建立新的人生目標，提升對生活的正面動力。工作員幫助阿文看到在朋友相處方面，他想與羽毛球組的同學重新接觸。工作員和阿文聊怎麼可以重拾舊時的友誼，阿文表現的有些擔心：朋友會不會因為自己有病就避開他。阿文和其中一個羽毛球組的同學是有聯繫的，從他那裡知道同學還是會定期約打球，工作員就鼓勵阿文去了解一下情況。阿文繼續從這個朋友那裡了解到，他們每隔幾個月都會出來一起打球、聊天。於是阿文在工作員的鼓勵下，開始參加同學的聚會，並見到了之前覺得聊得來的朋友。因此在社交方面，阿文得到了改善。

6. 成效

阿文完成均衡生活檢視表後，對自己想要做甚麼，或訂立甚麼未來人生目標，都變得更加清晰了。這活動令阿文得以回顧以前喜歡和擅長的事、設想將來想要做的事，通過活動也了解自己以往的興趣和未來的目標。通過一連串的反思和自省，案主能夠設定一些目標，有了目標之後就能夠訂立進一步的策略和計劃，也能讓生活過得更有意義並切合自己的興趣。

7. 反思

　　使用均衡生活檢視表有一些需要注意的地方：表中詢問案主實際和理想分別在哪裡，同時也鼓勵案主積極想一些理想目標。案主的焦點可能會放在理想部分做不到的地方，他可能會反復出現負面的提法包括「很難做得到」，「要理想做甚麼」等。此時工作人員需要給予案主更多同理心和鼓勵，讓案主正面地去看。當案主出現負面想法時，工作員可以提醒案主找回正面的動力。讓案主知道如果他真的很想改變自己的話，可以先放下一些負面的和不實際的想法。

　　第二個需要注意的地方：有些案主可能對數字不敏感，對 100 萬沒有概念，也未必能用錢代表自己的實際情況。如果出現這種情況時，工作員要慢慢帶領和解釋，教案主如何填寫這個表格。有些案主誤以為每一欄都需要填寫，因此在最初的階段，工作員要讓案主清楚知道表格不需要全部填寫，只有實際有投資的部分或者想要投資的部分才需要填寫。第三個需要注意的地方，是有些案主會填寫 0.5 萬或者 22 萬、23 萬等數字，工作員一般會鼓勵他用 5 萬、10 萬等數字進行填寫，以免計算總分的時候產生困難。

第五章

復元第三階段：
建立及發展目標

於上一階段，案主已了解自己目前的需要，第三個階段的工作重點是與案主一起按其需要訂下目標，以獲得自己想要的生活。對很多復元人士來說，要尋找到人生目標和意義並不容易，一方面因為他們更多關注的是如何處理自己的病和服藥；另一方面，案主普遍表現出放棄的態度，完全不會考慮自己的人生中有甚麼希望和意義。因此在第三階段，如何幫助案主尋求生活中新的意義和目標是很重要的部分。

用於幫助案主探討自己目標的一個重要工具，是個人能力評估表，該評估表能協助案主探索自己在生活不同範疇中的渴望，將各項希望得到的東西排列主次，從而定出最優先的目標。另外兩個工具是我的餅圖及生活目標逐個捉。以下將用三個案例來詳細介紹如何運用這些工具幫助案主尋找目標。

一、介入工具（一）：個人能力評估表 *

1. 案主背景簡介

阿明年約五十歲，於 2009 年確診患上抑鬱症。當時她因為溝通問題及經濟壓力，和丈夫產生了許多衝突，經常爭執，也有大動干戈的時候。丈夫無法理解她患病的情況，二人矛盾加劇，最終在 2011 年阿明與丈夫離婚。

離開丈夫後，阿明想回娘家，但父親認為離婚是有辱家門的

---

* 在設計這個「個人能力評估表」時，我們參照了幾個不同的評估工具，包括 Camberwell Assessment of Needs (Slade 等人，1999)，Strenghts Assessment (Rapp 和 Goscha, 2012)，人本能力評估表 (Kisthardt, 2006) 等。

事，因害怕街坊歧視的眼光，所以拒絕讓女兒回家居住。無奈之下，阿明只好租住劏房獨居。房屋租金給她的生活帶來極大壓力，離異後數年裡阿明居無定所，因為很難找到足以應付經濟需求的工作，所以苦於尋覓房租低廉的住處。自結婚後她就是全職家庭主婦，長達二、三十年沒有工作經驗的她很難找到正職工作。於是她輾轉在各處當兼職、臨時工，無論工時和收入都不太穩定，令她生活在壓力之中。

離婚以後，不但經濟環境不好，阿明的精神狀況也很差。離婚本已是她很難面對的事，而家人的拒絕又是另一重傷害，令她非常難過，這一切導致她的精神狀況長期欠佳。阿明於數年前復發入院，後經醫務社工轉介，她入住中途宿舍以協助自己復元。

2. 復元第三階段情況

在進入復元過程之初，阿明有她本身的優勢：其一是喜歡學習的性格，其二則是她改變的動機很大。她想學習如何放下對前夫的仇恨，以及對家人的不滿。

到第二階段識別需要時，她可以清晰地識別自己當下的情況。她留意到自己精神狀況不佳的原因，正是自己仍然未能接受離婚及家人對她的拒絕。她也注意到自己身體上的變化，每當有負面情緒時，心翳和失眠也會隨之而來。她對自己的身心思維有較高的識別能力，當工作員跟她討論復元期間想要達成的目標時，她也能很快講出自己的渴想。

她表示自己的長期目標是讓情緒問題好轉、擁有經濟獨立的能力及成功申請公屋、獨立生活。然而，在實際執行上，她不知應如何排列優先次序。工作員使用個人能力評估表這工具，除讓她了解自己內在和外在資源外，也可以幫助她整理已有的資源和現況，使她能準確地排列目標的優先次序，澄清遠近目標。

3. 技巧理念與使用目標

個人能力評估表是按復元概念設計出來的工具，在復元導向的介入中是必不可少而有效的。使用該工具不是單純讓案主填寫一份表格而已，個人能力評估表就好像案主的人生回顧，讓他們有機會重新檢視個人的經歷及發掘隱藏的優勢與技能。

復元導向的介入法重視個人獨特性，工作員的角色是幫助案主發掘個人的願望與目標，再協助他們以自身的優勢與能力去達成自己的目標。透過這個評估表，不單可以發掘他們各方面的資源，全面地認知自己有哪些優勢，更能讓他們全面地了解自己對復元的期許，以便清晰地訂立復元目標。而在訂定目標後，就更有賴這份評估表中發掘到的內外資源或優勢，去幫助他們達成目標。本章主要是透過阿明的案例，講述個人能力評估表如何幫助案主發展目標。

個人能力評估表內容全面，可找出案主多方面的優勢。個人優勢並不局限在性格或能力方面，這評估表網羅生活中的不同面向，包括：「居住環境」、「交通、流動性」、「經濟、保險」、「工作、教育」、「社交支援、親密關係、宗教信仰」、「健康情況」和「消閒活動、天資、技能」七個範疇，探索周遭有甚麼是可以運用的優勢與資源。

評估表除了橫向概括生活各方面不同範疇，也從縱向探討過去、現在、將來三個層面。在每一個範疇中，不但講及現時的情況，也會問到個人要求與志向，以及過去曾作出的嘗試。

在討論「現時的情況」時，很多案主難以識別現況中的資源，但透過評估表所附建議問題的引導，以及工作員的提醒，協助他們用嶄新的目光去審視生活，從而發現有助復元或達成目標的優勢。

個人要求與志向的部分，是讓案主描述自己期望中的將來是怎樣的，使他們可以更清晰地思考，於不同範疇中想得到甚麼東西。這可以協助無法訂定目標的案主，通過描述對未來的想像，找出自己的

理想。工作員會引導他們填寫表格後方目標的部分，訂立他們的復元目標，然後使用各項內外優勢幫助案主達成目標。如此一來，案主是自主地向自己期盼的方向前進，而不是被其他人（如社工或醫生）主導。

當問及過去曾作出的嘗試時，工作員可帶領案主回憶過往所擁有的資源。有些案主在過去擁有各樣技能，但因受病情影響，自認為能力無法回到往日水準，就把以往所擅長的技能遺忘了，這些問題可讓案主往日的優勢再次被發掘。

表格也探討案主的盼望指數，復元的模式十分着重注入希望，因為對將來有盼望，就會更有動力持續進行復元。盼望指數可讓案主了解自己當前的復元動力。

4. 實際操作流程

如時間許可且案主願意的話，工作員會配合評估表上的引導問題，按表格的設計逐項和案主討論。

第一部分，工作員會藉評估表先了解：在案主眼中，現時自己所面對的困難與挑戰是甚麼，而這些挑戰又怎樣影響到他們的生活。

第二部分，依次和案主討論七個不同範疇。每一範疇會有不同的建議問題引導他們去想，幫助他們更清晰地認知自己在該範疇的優勢、理想狀態及過去情形。例如在居住環境的部分，會問及居住環境中令他們感到滿意及不滿意的地方，又請他們形容一下理想中最滿意的居住環境是怎樣的，有助案主識別他們的渴想。

第三部分是探討案主的內在長處／強項及所處環境中可用以幫助他的人脈和社區資源。

第四部分，在案主描述過不同範疇的期望後，請他們從中挑選三項最想達到的目標，同時也請他們填寫有甚麼障礙，並討論他們可

以做些甚麼來幫助自己達成目標。

第五部分，工作員會評估案主的盼望指數，例如：案主覺得自己有沒有能力或途徑可以令自己變得更好，以評估自己改變的動力與希望。

第六部分是請案主分享，覺得工作員或機構的服務可以為他提供甚麼幫助。

最後一部分則問及各項社區資源當中有沒有一些是他們想要參與的，讓工作員看見案主對哪些外在資源接受程度較高，較有勇氣去應用。

5. 個案操作範例

阿明不太喜歡寫字，故此工作員使用傾談的方式聽她分享，和她一起去完成這個評估表。

在討論居住環境時，工作員和阿明談及她住宿環境的轉變。以往因租金壓力，她需要工作很長時間以賺取生活所需。工作對她來說是首要的，經濟因素佔據了她的所有精力，讓她沒法考慮其他。直至她進入宿舍，同樣的思維模式仍然存在。其實她的工作環境帶給她很多負面情緒，而她不懂得如何面對，只是將問題埋藏在心裡，沒有給自己空間去處理，勉強自己繼續上班。

她沒有想到自己的處境其實已有改變，她不再受制於高昂的租金。原來住宿舍對她來說是一項重要資源，幫助她減輕經濟壓力，因此她可以她重新釐訂個人目標優次，選擇工時較短、收入較少的工作，爭取空間先處理自己的情緒，也讓自己的工作壓力得以放鬆。

另一方面，阿明在入住宿舍前居於劏房。因她需要住在房租便宜的居所，所以自離婚至入院前的數年間，她住過很多不同地方，每每在業主加租時就要另覓租金合乎預算的劏房。經濟壓力加上居無定

所，一直令她感覺淒涼，但是在填寫評估表時，她卻有新的發現。

評估表中其中一個範疇是交通、流動性，當工作員問她會否因為住過不同區而對很多地區都熟悉，曉得怎樣乘車去不同的地方，她表示認同。這麼說來，她發現原來過去坎坷的經歷，也可成為她的一項優勢。

6. 成效

個人能力評估表幫助阿明識別自己的資源與優勢，整理自己的過去、現在，也展望了未來，也因而能夠適切地排列不同目標的優次。將管理情緒放在優先的位置，這樣才能應付工作。在使用此工具以前，她不知道宿舍是她的資源，使她有更多空間關注自己的情緒，緩和自己的壓力。

此外，使用此工具也幫她識別自己的長處與優勢，讓她由原來的缺乏自信，逐漸轉變為懂得運用自己的優勢達到目標。例如：因她喜歡學習，所以很樂意去上課，重拾一些工作技能，以增強將來就業的機會和信心。

個人能力評估表的着眼點不在困難，而是案主的能力與優勢，描述這些正面的東西帶給人快樂與滿足感，使輔導不再是談問題。工作員感覺在以往復康的模式中，工作員問及案主許多背景資料，似乎是較以問題為主導，而復元模式是藉了解案主背景而發現優勢及資源，是以優勢為主導的輔導方式，助案主看見自己的優勢與能力，而非困在問題中。

7. 反思

這個工具在操作上視乎不同個案的能力與特質，有的案主很適合個人思考，或是喜歡以書寫方式表達的，可以直接填寫評估表；有

的案主對文字既不敏銳也不擅長，工作員就會透過傾談的方式去了解對方的故事，並在聆聽對方故事的期間，敏銳地將他生活中的資源識別出來，協助他填寫表格。不過即使由案主自己填寫，工作員也要和他進行討論，以充分運用此表格。

　　另外，工作員在過程中需要有識別資源的觸覺，以協助案主識別他忽略了的、未能察覺的或不以為然的優勢和資源。對於不太掌握「資源」概念的案主，工作員可以使用一些引導問題讓他們理解。例如問：你覺得這對你是好是壞？對你有沒有幫助？當案主發現某些東西可以給他帶來幫助，便會較容易明白那些不起眼的東西也是資源。

表 08. 阿明的個人能力評估表

個人能力評估

個案姓名：　　　　明（50 歲）　　　　

指示：此表格乃是一個「復元為本」的評估工具，旨在為工作員參考之用。工作員未必需要評估本表格所列出的每一個範疇，在第 2 至 8 題，如該項目對案主目前生活上的挑戰有幫助，請在□內打 ×。

1.　（1）你現在面對的困難 / 挑戰是甚麼？

　　　　四月份開始任新工作，與上司相處感壓力，上司脾氣差。

　　（2）這個困難 / 挑戰何時開始？

　　（3）這個困難 / 挑戰現在怎樣影響你的生活？

　　　　影響我的心情，覺得心不舒服。

（4）如果 0 分代表完全沒有影響，10 分代表影響最大，這些困難／挑戰對你的影響程度是 ＿＿＿ 分。

＿＿＿＿＿＿＿＿＿＿＿＿＿＿＿＿＿＿＿＿＿＿＿＿＿＿＿＿＿＿＿

（5）自從這困難／挑戰出現，你曾嘗試哪些解決的辦法？效果怎樣？

＿＿＿＿＿＿＿＿＿＿＿＿＿＿＿＿＿＿＿＿＿＿＿＿＿＿＿＿＿＿＿

（6）請舉出一次成功解決這困難／挑戰的例子：

＿＿＿＿＿＿＿＿＿＿＿＿＿＿＿＿＿＿＿＿＿＿＿＿＿＿＿＿＿＿＿

（7）沒有再繼續採用那些解決方法的原因是？

＿＿＿＿＿＿＿＿＿＿＿＿＿＿＿＿＿＿＿＿＿＿＿＿＿＿＿＿＿＿＿

2. 居住環境

① 你目前在哪裡居住？獨居還是跟他人一起居住？	☐
② 你對現在的居住環境有甚麼滿意的地方？	☐
③ 你對現在的居住環境有甚麼不滿意的地方？	☐
④ 你現階段希望繼續住在這裡還是想搬到其他地方？為甚麼？	☐
⑤ 請形容以往你住過最滿意的居住環境。	☐

現時的情況	個人要求與志向	個人和社交資源 （過去曾作出的嘗試）
在宿舍住，租金平，環境比套房好。	上樓（成功申請單人公屋）	曾住套房，每月需付近 5000 元租金，社工助我申請入住曦華樓單身人士宿舍，在宿舍可有獨立空間，租金便宜。認為居住的地方十分重要，以往的經歷令我覺得有宿舍住值得感恩。

3. 交通、流動性

① 你用過甚麼交通工具去你需要去的地方？	☐
② 你以前會用甚麼交通工具是你現在不再使用的？	☐
③ 你是否希望可以擴闊你在交通工具上的選擇？	☐
④ 如果你可以到世界上任可一個地方，你會想到哪裡去？	☐

現時的情況	個人要求與志向	個人和社交資源 （過去曾作出的嘗試）
- 現時在港島區工作及居住，熟悉不同社區。 - 流動性高，假期時到不同地區與朋友見面。		- 於牛頭角及沙田區成長 - 結婚後居於將軍澳 - 在柴灣區返教會

4. 經濟、保險

① 你現在主要的收入來源是？你每個月有多少收入？	☐
② 你每個月的必需支出包括？	☐
③ 你希望目前的經濟情況有甚麼改變？	☐
④ 你一生中經濟情況最令你滿意的是哪個時候？	☐

現時的情況	個人要求與志向	個人和社交資源 （過去曾作出的嘗試）
- 有穩定工作，每月收入約 9000 元。 - 另有一千多元傷殘津貼。	- 每月有穩定的收入。 - 還清欠債。 - 有少許積蓄，可以給子女讀書用。	- 於早年買了保險，該保險有數萬元的現金價值。 - 少量股票。

5. 工作、教育

① 你現在的就業情況怎麼樣？請形容一下你的工作環境和性質。	☐
② 工作對你有甚麼意義？如果你現在沒有工作，你是否想找一份工作？為甚麼？	☐
③ 你現在有否參與任何可用到你的才能的助人活動？	☐
④ 你有甚麼活動是能夠帶給你快樂和工作與個人的滿足？ ⑤ 甚麼活動能夠帶給你快樂，以及工作上的滿足感？	☐
⑥ 如果你能給自己設計一份完美的工作，那會是甚麼？戶內或戶外？早上或晚上？要否出外公幹？是否要與他人合作？環境會是寧靜還是喧鬧？	☐
⑦ 你曾經有過最令你滿足的工作是甚麼？	☐
⑧ 對你來說，找工作還是保持工作比較難？為甚麼？	☐
⑨ 你現在有否參加任何課程來增進自己的知識和技能？	☐
⑩ 你有甚麼東西想學多一點？	☐
⑪ 你的學歷到甚麼程度？你對接受正規教育的經驗是怎樣的？	☐
⑫ 你對回到校園嘗試完成一個大學學位課程、學習一個新技能或純粹為快樂而學習有甚麼想法？	☐
⑬ 你是否喜歡教導其他人做某些事？你有沒有興趣做一個教練或成為其他需要幫助的人的指導？	☐

現時的情況	個人要求與志向	個人和社交資源 （過去曾作出的嘗試）
- 於教會任幹事，是自己喜歡的工作環境，上司的脾氣差，覺得要與他相處極為辛苦，幸好有教友及同事支持和鼓勵。	- 希望能維持現時工作，學習與上司相處。	- 有不同類型的工作經驗，包括領隊、銀行及售貨員。 - 有保安牌，曾讀活動助理再培訓課程。

6. 社交支援、親密關係、宗教信仰

① 你的家人是怎樣為你提供<u>社交上和情緒上的支持</u>，使你感到快樂和自我感覺良好？	☐
② 你和家人的關係裡有沒有甚麼令你憤怒或不快的地方？	☐
③ 你希望你和家人的關係會有甚麼改變？	☐
④ 你喜歡在哪個地方休息和放鬆自己？為甚麼喜歡那地方？	☐
⑤ 當你感到孤單時你會做甚麼？	☐
⑥ 你有沒有一個可以給他打電話，聊天，一起做些事的朋友？如果沒有，你是否希望可以找一個這樣的<u>朋友</u>？	☐
⑦ 你是否渴望能與另一個人發展<u>親密的關係</u>？你會否希望有這樣的關係？	☐
⑧ 宗教信仰對你的生命有沒有甚麼意義？如果這方面對你來說是重要的，你是怎樣經歷和表達你靈性 / 信仰上的一面？	☐
⑨ 你喜歡大自然嗎？	☐
⑩ 你喜歡<u>動物</u>嗎？	☐
⑪ 你現時有沒有<u>飼養寵物</u>？如果沒有，會否想飼養一隻？	☐
⑫ 以前曾否飼養寵物？	☐

現時的情況	個人要求與志向	個人和社交資源 （過去曾作出的嘗試）
- 教會教友及朋友支援。 - 親戚關心我的情況，間中一同食飯。 - 現時一年會探望父親 2-3 次。	- 作為基督徒，能有好的見證。 - 與上帝的關係更親近。	- 過往曾辦離婚，會以過來人的身份做義工幫助有需要的婦女。 - 與家人的關係差，在最需要家人支援的時候（離婚），遭家人拒絕，不覺得家人對自己有正面的幫助，當時覺得不開心。

7. 健康情況

① 你會怎樣形容你近來的健康狀況？	☐
② 有好的健康對你來說是否重要？為甚麼？	☐
③ 你有做些甚麼來保持你的健康嗎？	☐
④ 你的吸煙習慣是怎樣？	☐
⑤ 你的飲酒習慣是怎樣？	☐
⑥ 你的飲咖啡習慣是怎樣？	☐
⑦ 你覺得煙、酒和咖啡對你的健康有甚麼影響？	☐
⑧ 你現在正在服用哪些藥物？它們怎樣幫助到你？	☐
⑨ 你通常怎樣知道自己身體不舒服？身體不適時有甚麼最能幫助你平靜下來？	☐
⑩ 你有沒有遇上健康問題所導致的限制？	☐
⑪ 在健康範疇裡，有沒有甚麼是你想要的和認為自己需要的？	☐

現時的情況	個人要求與志向	個人和社交資源（過去曾作出的嘗試）
- 患糖尿病，指數高，但比以往穩定。	- 血糖指數回復正常水平。 - 能好好控制個人情緒，明白心情會影響身體狀況。	- 醫院姑娘護士體諒我的狀況，知道我經濟狀況欠佳，如有優惠價購買健康產品，或運動小組，會通知或安排她出席。

8. 消閒活動、天資、技能

① 有甚麼活動你是享受的又能給你滿足感、平靜感和成就感？	☐
② 你是否希望能多參與這些活動？	☐
③ 你有甚麼技能、能力和天賦？（例如：彈奏樂器、作詩、跳舞、唱歌、畫畫等，或幽默感、同理心、善良等）	☐
④ 你的生命中有甚麼令你自豪的地方？	☐
⑤ 有甚麼令你快樂的事是你以前經常做但近來沒有做的？	☐
⑥ 以上那一項活動是你現在會考慮重新探索？	☐

現時的情況	個人要求與志向	個人和社交資源（過去曾作出的嘗試）
- 與朋友外出食飯，傾談。 - 參與宿舍活動。	- 和朋友一同去旅行	- 喜歡與人傾談，不介意付出時間，做義工幫助別人。

9. 長處／強項：

（1）你有甚麼特點使你成為一個堅強的人而又曾幫助你渡過難關？（例如：正面態度、有耐性、幽默感，有職業道德，有宗教信仰等）

信仰能幫助及改變我，現在學會感恩，多想自己擁有的東西，當很想發脾氣鬧人的時候會祈禱。透過與社工、朋友／弟兄姊妹傾談，聽到別人與我分析問題，令我有很多反思，我覺得最能夠幫助自己的方法是學會「放低」。

（2）你有甚麼特別的技能？

（3）你通常做甚麼作消遣？

_____

（4）有甚麼人在你生命中曾經幫助過你？

_____

（5）誰幫助你保持身體健康？

_____

（6）你現在住的地方和地區有甚麼好處？

_____

（7）甚麼使你的人生有目標和意義？

_____

10. 現階段生活中對你最具意義的三個渴望／目標：

【1】完成宿舍訓練，盡快上樓。

【2】維持工作，有穩定收入，還清欠債。

【3】學習控制情緒

（1）現在有甚麼正阻擋你達到你的目標？

_____

（2）你以前怎樣嘗試去達到這些目標？

_____

（3）你現在可以做甚麼來幫助你達到這些目標？

_____

11. 盼望評估

　　（1）案主相信他／她有能力做一些事情令情況好轉：　　　高／中／低

　　（2）案主相信他／她將有途徑令情況好轉：　　　　　　　高／中／低

12. 希望狀況評估

請用少許時間集中思想現時在你生活中正在發生的事：	1= 完全不正確 至 8= 完全正確
① 如果我遇到阻濟，我會想出很多不同的途徑去解決。	
② 目前我正在積極地追求我的理想。	
③ 有很多方法可以對我正面對的各種問題有幫助。	
④ 我覺得現在的我是頗成功的。	
⑤ 我能想出很多不同的方法去達到我現時的目標。	
⑥ 目前我正在符合我之前為自己定下的目標。	

13. 你希望我們的服務可以為你提供甚麼幫助？／你覺得甚麼服務
　　最適合你？／你對我們的服務有甚麼期望？

　　_____

　　_____

14. 以下哪些社區支援類別是你覺得值得考慮參與／接受？

住屋	交通	經濟援助	職業／工作支援
興趣／活動	宗教／靈性支援	學校／教育支援	兒童托管
自我照顧能力	家居管理	基本社區生活技巧	
健康管理	藥物濫用		

其他：＿＿＿＿＿＿＿＿＿＿＿＿＿＿＿＿＿＿＿＿＿＿＿＿＿＿

注：工作員嘗試於阿明的個人評估表中找出她的喜好／需要，這有助於她清晰掌握個人的目標。於評估表中，工作員發現明在工作／教育的部分，她有很多不同的工作經驗和資歷，逐漸發現明很喜歡學習，她經常報讀不同的課程。工作員利用明喜歡學習的優勢，邀請明參與情緒管理小組，以完成小組作為短期目標，當完成短期目標後再計劃利用學習到的知識達至「學習控制情緒」，這是明現時生活中最渴望達到的目標之一。

二、介入工具（二）：我的餅圖

1. 案主背景簡介

　　Apple 年約四十歲，在大學時患上躁狂抑鬱症。初次病發時，她在內地唸書，因男女關係所產生的壓力而出現情緒困擾，從那時開始，她就定期前往醫院就診。

　　多年以後，她步入婚姻育有一女，然而即使年紀漸長、身份轉變，她的情緒困擾仍舊伴隨着她。Apple 的丈夫因工作需要長期往來中港兩地，二人在生活上多有衝突，夫婦關係並不和諧，所以 Apple 對家庭的所有關心都落在獨女身上。她很重視與女兒之間的關係，想要當一個優秀的母親，讓就讀中學的女兒可以得到最好的栽培，也成為優秀人才。

　　受工作壓力及夫婦關係不和影響，這些年間她的病情起伏，多次復發。於 2008 年，她始於香港就醫，期間她出現失眠及失控瘋狂購物的病徵。經過一段時間的照料，她的情緒問題變得相對穩定，從醫院轉介至精神健康綜合社區中心來，接受復元導向的介入服務。

2. 復元第三階段情況

初期接觸時，Apple 表達自己希望情緒問題好轉，以致不會因自己的情緒問題影響女兒，自己能成為一個好母親。

Apple 容易煩躁動怒，罵人不留情，每當她覺得事情不順，脾氣很快就會湧上頭並隨即傾瀉出來。在工作環境中，她的暴躁情緒使她與同事關係很差；在家中，她同樣暴躁易怒，因此影響了家庭關係。

Apple 經常不滿女兒的生活習慣，認為她總是混亂又不懂整理。每當 Apple 看見女兒不整齊，就會立即煩躁起來。在斥責女兒的過程中，她覺察到女兒其實跟她很相似：容易煩躁、做事欠交代、東西亂丟、無心學習等等。Apple 煩躁的原因，某種程度上也是因為她本身亦是一個同樣在生活上亂七八糟的人，而女兒完全複製了她的壞習慣，這讓她感覺自己給女兒帶來了負面的影響。Apple 自覺不是一個好榜樣，所以有很大的動機去改變自己，向着「成為一個好母親」的目標進發。

雖然她很重視女兒的教育，但她不清楚自己接下來應該要做甚麼。而成為好母親這個目標也太闊和不具體，為要了解她心目中好母親的條件，工作員運用了我的餅圖這個工具來協助她。

3. 技巧理念與使用目標

當案主有一些含糊的想法與價值觀需要被釐清，或是需要更清晰地認知當中包含甚麼構成元素時，便可使用我的餅圖去幫助他們。透過羅列想法的細節、繪畫餅圖與評比，可以讓案主重新反思自己的價值觀，擴闊他們的想法，給他們新的啟發，或發現一些以前沒留意的訊息。思想擴闊了，對事情的評估便會有所改變。

使用餅圖來呈現，勝於單單逐點列出該想法中的各項內容。餅圖將各項目和所佔比例圖像化地呈現出來，突出了不同比重之間的差

異，容易看出各項之間的對比，因此可使人更全面、客觀和具體理解事情。

引導過程中，除了整理案主原有的想法外，有時工作員也會提供一些額外的參考內容，刺激案主思考，讓認知程度不足的案主有機會拓展自己對相關內容的想法。以 Apple 為例，如她本身對成為好母親所認知到的條件只有兩三項，工作員可提出其他人眼中符合好母親的條件，再問問 Apple 是否也認同，從而擴闊她的角度。

4. 實際操作流程

首先工作員請案主陳述他對於有關主題的看法，應包含哪些元素等，並將各項目一一羅列出來。期間工作員可向案主提供建議，刺激他擴闊自己的想法。第二步是請案主為每個元素評分，即按其重要性講出各元素佔全部的百分比。第三步是照着各元素的百分比劃分它們在餅型圖當中所佔大小，拼出一個完整的我的餅圖來。完成我的餅圖後，工作員會訪問案主有甚麼想法，以了解他所獲得的啟發和想法上的變更。

5. 個案操作範例

為釐清 Apple 的想法，工作員引導她去繪畫一個我的餅圖，圖的主題是一個好母親應有的條件；換言之，能做到哪些項目才算是一個好母親。Apple 列出的條件包括：

（1）給子女好的教育，即需要有好的經濟條件；

（2）在子女的生活中陪伴支持，幫助子女建立良好的生活習慣；

（3）要有思維教育與品德教育；

（4）提供好的教育環境，作為母親須作好榜樣去清理家居，也必須情緒穩定。

表 09. Apple 的我的餅圖

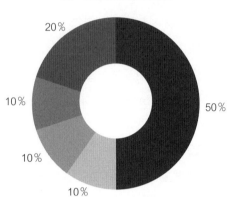

做一個好媽媽的要素

20%

10%

50%

10%

10%

■ 自己情緒要穩定　■ 經濟　■ 陪伴支持建立生活規律　■ 思想教育　■ 教育環境

　　至於對各項重要性的評分，Apple 羅列的內容如下：自己的情緒穩定佔 50%、經濟條件佔 20%、陪伴支持與建立生活習慣佔 10%、品德教育佔 10%，教育環境佔 10%。

　　繪出我的餅圖（表 09）後，Apple 對自己的想法更為清晰，她認為管理好自己的情緒是成為好母親最重要的條件，因此她決定將情緒管理定為她首要的復元目標。

6. 成效

　　起初，Apple 只想到一大串期望自己可以完成的事，覺得每一項成為好母親的元素都很重要，但不知道該怎麼開始去做，也無法一下子完成所有項目。我的餅圖使她發現個人情緒健康對女兒成長的影響極大（佔所有因素中的 50%），這才讓她有了清晰的目標。

　　其餘幾個元素並非不重要，但當她每樣都想做卻無法從中取捨

時，只會變成甚麼都不能達成。當她掌握了最關鍵的元素，就能做出計劃以集中完成。我的餅圖幫助她釐清想法，使她能夠清晰而適切地下決定。

　　目標訂下之後，Apple 十分配合工作員與她一起進行的認知行為治療。認知能力很好的她，很能反思自己的想法如何影響情緒，她不單受益於跟工作員的面談，更會自行閱讀相關書籍自學，不久她跟女兒的關係、與公司同事的關係都一起得到了改善。

7. 反思

　　原本 Apple 只含糊地知道自己情緒不好對女兒有不良影響，當她清晰識別後，她改善自己情緒的動力加強了，希望女兒健康成長成為她巨大的推動力。在進入復元之旅前，她的生命幾乎全是圍繞着女兒，不知自己的需要。上列的進展讓她的目光從女兒的教育、從成為好母親、從眼前的問題、從與家人關係等，轉移至個人的情緒健康。當她開始着眼於個人的情緒改善，也開啟了她日後的個人復元，因她的情緒管理與復元有莫大關係。日後 Apple 之生命不再一樣，也是因為她的焦點由病與問題轉向復元。

三、介入工具（三）：生活目標逐個捉

1. 案主背景簡介

　　案主阿文的背景已在本書第四章（參見第 67 頁）部分詳述。

2. 復元第三階段情況

　　上文提及阿文透過均衡生活檢視表，明白自己的需要，選擇了

首三個想達成的願望：第一是重新聯絡中學時期的舊朋友，擴大社交生活圈子；第二是進修學習；第三是找工作，不再依賴父母。接下來工作員運用生活目標逐個捉的技巧來助他計劃怎樣達成他的願望。

3. 技巧理念與使用目標

生活目標逐個捉的技巧，是幫助案主在比較空泛的願望或需要上，建立更清晰、具體的行動計劃，以推行目標。這些目標必須是可行的，並且在案主的能力範圍內能做到的，令案主在實踐目標時產生成功經驗。

4. 實際操作流程

先邀請案主將自己的目標按優先次序排列，填在「生活目標逐個捉」工作紙上（表 10），然後寫下訂定這些目標的原因。繼而工作員與案主一起商討，為每項目標探討具體行動計劃、成效指標、完成日期，最重要的是完成目標後怎樣自我獎勵或慶祝一番，這對增強案主繼續向前的動力十分有幫助。

5. 個案操作範例

阿文第一個目標是最想做到的目標，傾談中阿文表示他很想聯繫以前羽毛球組的隊員朋友，參與他們的聚會，並在未來兩個月中可以完成。自我獎勵方面，阿文覺得不必有刻意的獎勵，因為和朋友相處的過程都會一起聊天、吃東西，都是很具體的獎勵了。另一方面，阿文提到很想重新參加青少年活動中心的歌唱班，他以前曾參加過這個歌唱班，但已中斷了一兩年的時間。他想重新參與，希望兩個月內可以開始着手回中心報名。這是一個沒有特定時限的活動，他希望長期參與，也提出想嘗試學習不同類型的歌。參加活動後如果有一些成

績，可以給自己一些自我獎勵。對他來說，他認為做到一些具體行動，已經是獎賞了。

第二個目標，阿文承認回去大學讀文憑課程不太現實。他也提到可以做一些文職工作，尤其是會計方面的工作，他覺得這也是一個出路。當談到具體的計劃時，他覺得需要一些基本的會計知識和文職方面的技能，如懂得 EXCEL 應用、中英文打字的技能。他希望可以有機會接受有系統的訓練，讓自己打字速度可以快一些。這些大概需要九個月到一年時間進修不同的課程。他首先希望學會計，之後再學文職的技能。經濟方面，他家人會支持他進修學習，所以不用太擔心。如果他真的可以學到這些課程，他會和家人商量是否可以去一些短程的、近的旅行作為自我獎勵，比如泰國。

第三個目標是穩定工作，阿文說暫時不作安排，因為他希望先完成前兩個目標後再考慮，反正家人沒給他太大壓力。如果家人知道他有進修的念頭，相信也會覺得安心，覺得他正朝着正面的目標走。

6. 成效

在整個過程中阿文都很合作，他也是比較幸運的，因為羽毛球班的同學對他都很好。當他重新聯繫同學的時候，同學都很樂意和他重新建立友誼，每幾個月都有聚會的時間，他也覺得開心很多。並且令他更加開心的，是舊同學並沒用異樣的眼光看待他的精神病，或者對他有任何偏見？所以他可以繼續和羽毛球隊的舊同學保持規律的聚會。關於去青少年中心學唱歌班，他之前是去過的，但發現班上的人數很少並且不穩定，他覺得那些人不太容易合得來，所以阿文考慮參加教會的詩班。原本他想參加教會以外的活動，多認識不同的朋友，但他發現現實難以兩全其美，他又真的喜歡唱歌，所以就重新考慮去參加詩班。

在進修班方面，他開始參加一些會計知識班，他發現自己對此有了更多的了解和興趣，工作員也提供一些資源給他並鼓勵他參與。社區裡的日間中心也有舉辦文書課程，阿文也參加了，學到了一些會計、文書和 EXCEL 技能，且可每天在中心練習這些技巧。他在中心受訓約半年後，中心推薦他往一間公司工作實習，有實戰的機會，目前他正在等待機會出去工作。

7. 反思

在目標的具體安排上，如果發覺案主擔心提出目標具體計劃存在困難，不要讓案主一下子作所有的目標計劃。應當逐個目標定具體的計劃。有時可能案主不一定能想到具體的計劃，可以幫他慢慢想到可以做到的事，例如提供一些資源讓案主能夠具體作出一些計劃。如僱員再培訓課程，可以幫助阿文進修學習的目標更加容易達成。中間有很重要的部分就是要不斷鼓勵案主，並且不斷和案主進行評估，因為他邁向目標的過程中會面對很多困難和阻礙。如果工作員不能給案主很多鼓勵或檢討如何改變不同的策略，案主就容易經歷失敗。失敗後案主就沒有勇氣繼續去嘗試。

另外，工作員要幫案主留意和看到他內在和外在的障礙，內在可能是生活的習慣和情緒，慣常的行為表現。外在一般是環境因素，經濟上、社會大眾資源上的不配合等，並且幫他找到方法去克服，至於怎麼做，后面的章節將會提及。

表 10. 阿文的生活目標逐個捉工作紙

我的生活目標優次

第一位：最希望達到；　　　　第五位：做不到亦無妨

優次	生活目標	原因
第一位	擴大朋友生活圈子	1. 享受以往與朋友相處的時刻； 2. 讓自己開心一點，不至於終日留在家中
第二位	進修學習	希望能學得一技之長，有助日後找到合適工作
第三位	工作	希望找到一份穩定及長久的工作，不想再在經濟及生活上依賴父母；希望有一天可以獨立生活
第四位		
第五位		

我的目標

目標	具體計劃
目標一：擴大朋友生活圈子	1. 聯絡舊有的羽毛球隊員，參與他們的聚會。 2. 參加青年中心的歌唱班（因已有一段時間沒有參加）
目標二：進修學習：希望做文職工作	1. 學習基本會計的課程 2. 學習電腦班（Excel, Publisher，中英文打字等）
目標三：暫時不想作出找工作的具體安排	

表 10. 阿文的生活目標逐個捉工作紙（續表）

我實踐目標的具體計劃

目標	具體計劃	成效指標	完成時限	自我獎勵
目標一：擴大朋友生活圈子方面	1. 聯絡舊有的羽毛球隊員，參與他們的聚會。	1. 在未來兩個月內會作出嘗試，參與舊同學聚會	沒有時限	無需要
	2. 參加青年中心的歌唱班（因已有一段時間沒有參加）	2. 回到青年中心報名即可	沒有時限	無需要
目標二：進修學習：希望做文職工作	1. 學習基本會計的課程 2. 學習電腦班（Excel，Publisher，中英文打字等）	參加不同的學習班	半年至九個月	無需要
目標三：暫時不想做出找工作的具體安排			完成目標一、二後再做打算	

第六章

復元第四階段：
探索內在及外在資源

　　第四階段的任務，旨在案主建立目標後，與他一起探索自己內在和外在的資源，以達致自己所訂的目標。很多時候案主看不到自己內在的能力，包括以往可能有過、但一段時間後遺忘了的潛質，也不覺察自己所處的環境及社區有可用的資源，可以在各方面幫助自己。故工作員在協助他們復元的整個過程中，都須跟案主不斷發掘自己內在及外在的優勢，讓案主知道並體會到他們有能力透過內外資源建立新的生活，達到有意義、有目標的人生。

　　以下會以兩個不同的案例，講述如何運用個人能力的評估表、人生大事回顧及識別社區資源，來幫助案主發現自身的內外優勢，以幫助自己復元。技巧的重點是工作員和案主共同去尋找資源，而不是工作員直接向案主提供資料。案主有時候會出現很多想法，令他不去使用這些資源，工作員此時可以和案主探討其中的障礙，並找出克服的方法。

一、介入工具（一）：個人能力評估表

1. 案主背景簡介

　　梁女士年約五十歲，其父母年屆八旬，另有一位哥哥和一位妹妹，他們都已先後成家立室，在外居住。梁女士十年前與丈夫離婚後，決定回到娘家與父母同住。

　　從小到大，梁女士自感在家中不受重視，父母二人似乎只看重哥哥和妹妹。哥哥是長子，他很早就為家人放棄學業出外工作養家，母親對他感到愧疚，因而特別愛惜他，也將家中的所有事交由長兄決定。梁女士的妹妹十分聰明，讀書優秀、事業有成，是令家人感到驕傲的女兒。在哥哥和妹妹中間，梁女士總覺得自己備受冷落，所以自

小就渴望能盡快擁有自己的婚姻，離開原生家庭。後來她與外籍丈夫結婚，搬到國外定居，並誕下一子。

她在 2000 年發病，當時身在國外的她，被診斷為精神分裂症。在國外的日子，她總覺得丈夫待她不好。梁女士與丈夫家人的關係很差，當婆媳之間起衝突時，丈夫總是站在婆婆的一邊，而沒有幫助她，令她感覺十分受傷。在這樣的背景下，梁女士開始出現情緒與精神問題。那時候，她常聽見有聲音對她說自己沒用，也聽到有聲音叫她去死，甚至看到不同物件都會讓她聯想到自殺，例如：在等紅綠燈時會有衝出馬路的衝動、看見繩狀物時腦海會出現吊頸的畫面……這一切都讓梁女士感覺十分困擾。

於是她往醫院尋求醫生的協助，但病情未受控制以前，夫妻關係卻已惡化。病中的她特別需要伴侶的支持和照顧，但在梁女士眼中，丈夫完全沒有關心，甚至竟在沒有通知她的情況下跟朋友去歐洲旅行，把她一個人丟在國外與關係惡劣的婆婆共處。在難以忍受的情況下，她獨自一人買了機票回香港，丈夫的不理不睬令她心灰意冷。她認為丈夫太狠心，完全不顧多年夫妻情，最終決定離婚。

離婚後，梁女士回香港與父母同住。因她一直帶着自己不被疼愛不受重視的感覺回到娘家，即使只剩下她與父母同住，還是會覺得父母只疼愛他人而不愛她，同住中亦產生很多磨擦。有時聽到媽媽與哥哥通電話時溫柔的囑咐，或看到買玩具給外孫等的小細節，都會令她十分在意。

回港後梁女士的精神狀況還是不穩定，仍有許多精神病病徵出現。在 2013 年，梁女士經醫院社康護士轉介，開始定期來精神健康綜合社區中心與社工面談。

2. 復元第四階段情況

在協助梁女士復元初期，工作員主要集中幫助她處理病徵，及了解她的病情為何起伏不定。當時她仍有幻聽症狀，且有自殺想法，也會突然在家中聲嘶力竭地高聲叫喊。她表示因內心感覺極度鬱悶，想要放聲叫喊才得以舒緩，又形容這樣的叫喊是無法自控的。當時她經常待在家中，很少外出，只有家人知道她有這狀況，母親十分擔心。

從梁女士的背景已可見到，她是一個十分缺乏自信的人。在原生家庭中，她總認為自己地位很低，她的話從不重要，論才智成就也是最不起眼的一個。梁女士從沒正式工作過，她覺得自己既讀書不好，又沒能賺錢，十分沒用，加上中年婚姻失敗，因無處容身而要返回娘家，這一連串的失敗經驗令她的自我形象更為低落。

工作員在此階段主要是引導她進行病徵管理，找出自己精神狀態不穩定的原因。在復元之路上，掌握自己所患病徵的知識，能促進案主負責任地管理自己身心健康、減輕或緩和徵狀、面對因病徵帶給生活之局限。最後梁女士發現睡眠質素對她影響至大，每當她因失眠而休息不足時，就會出現各種徵狀。

後來，梁女士病情較為穩定，不再出現幻聽，工作員開始跟她談及她的願望及目標。她的第一個復元目標是穩定情緒，不再受病徵影響。其次，她希望父母身體健康；第三則是希望兒子日後事業有成。了解她的想法以後，工作員與她釐清第二和第三個目標並非她能夠控制的事，因此把第二個目標調整為學習照顧父母，又因兒子遠在國外，梁女士可以做的有限，所以須暫時放下第三個目標。

跟工作員談及學習照顧父母時，梁女士經常說自己做不來，例如帶父母去覆診，她也會覺得自己承擔不起這樣的責任。其實當時照顧父母的工作大部分是由長兄來做，他常回家探望兩老並帶他們外

出。雖然梁女士的目標是學會照顧父母，但卻認定自己做不來，即使工作員提出一些建議，她嘗試去做的動力也很低。

為了使梁女士識別自己的優勢，鼓起勇氣達成目標，及提升她的能力感與信心，工作員與她一起填寫個人能力評估表。

3. 技巧理念與使用目標

填寫個人能力評估表在復元導向的介入中是必須的，因為優勢視角是復元導向介入的核心，讓案主發現自己的優勢是不可或缺的步驟。特別是在訂定目標後，案主需要發掘自己有何內外資源或優勢可幫助他們達成目標。本書第五章已詳錄個人能力評估表的內容與操作流程，在此不再贅述。

個人優勢可分為內在和外在兩方面，外在優勢是指在案主所處環境中所有可用的、對他有助力、促進他達致目標的資源，可包括：社區設施、家庭關係、人際網絡等。而內在優勢是指案主本身的強處，包括：正面的性格特質、知識、技能、天賦、能力、專長、興趣、學歷、經驗、信仰等。透過與案主一起填寫個人能力評估表，便可將案主各方面的內在及外在優勢整全的顯示出來。

本章會以梁女士的案例引述如何利用個人能力評估表協助案主探索內在及外在資源，並互助配合加以運用，以達成她的目標。

4. 實際操作流程

因此表格內容頗多，故未必可以在一次面談中全部完成，對不能獨立填寫的案主，應靈活地在初期數次面談中透過問答與案主一起填寫。

5. 個案操作範例

工作員按着評估表的設計逐步和梁女士討論表格內容（表 11）。

在居住環境範疇中，因梁女士曾於國外居住，她會覺得香港相對比較擠迫。她想要住得寬敞些，奈何未能做到，只能回娘家居住。工作員幫助她尋找生活環境中有甚麼是她比較喜歡的。討論間，她提到住所樓下的公園有一座小噴水池，每當她想安靜獨處時就會去這個水池邊。水聲讓她感覺舒服，讓紛亂的內心安靜下來，所以這座噴水池成為她現在擁有的寶貴資源之一。梁女士有一個目標是學習照顧父母，工作員提議她可運用這社區資源，帶父母到這個公園去散步，她也表示願意嘗試。

梁女士又提到住所附近就有一個街市，她也認同住在國外時到哪兒去都不方便，現時在香港生活住宅雖不寬敞，但購物和很多事情都很方便。這個評估表開闊了她的眼光，使她不再只負面地看待自己的生活。

在交通、流動性範疇中，因香港的公共交通網絡方便發達，工作員也和她討論是不是可以嘗試帶父母去覆診，或是帶他們到哥哥家中。傾談中，梁女士發現自己也懂得怎麼去，也相信自己是可以做到的。對交通網絡的掌握帶給她實現目標的能力感。

工作員與梁女士在社交支援、親密關係、宗教信仰範疇相對談得比較多。梁女士信基督教，經常參加教會聚會，也樂於在教會當義工打點雜務，也覺得祈禱可以幫助她穩定情緒，親近神亦讓她有被愛與被眷顧的感覺。每當她遇上困難時，她都會向神祈禱，交託自己所擔憂的事，她認為神的愛可以令她更堅定，重新獲得力量面對逆境。信仰資源在維持身心健康上給她非常有力的支持，教會生活亦讓她擁有定期的社交生活及教友的支援。

至於朋友方面，雖然她的朋友不是很多，但她有兩位很親近的

中學同學，他們維持了很多年的親密關係，不但保持電話聯繫，偶然也相約見面。這兩位朋友對她的狀況十分了解，包括她患精神病和離婚的經歷等，且十分支持她，每當她心情不好就會找這兩位朋友抒發，有時她們會和她看電影散散心。此時她發現這段親密關係對她非常重要，不單給她無限支持，也是她壓力的一個出口。工作員也讓她看見，這份親密關係能維持這麼多年，足見她重感情的性格與人際交往上的優點，工作員也向她表達了對此的欣賞。

在健康情況方面，梁女士和工作員討論得比較多的是精神病的管理情況。她表示自己有定期覆診、準時服藥；另一方面，工作員也讓梁女士了解她病悉感良好，也願意信任協助她的專業人員如醫生、護士、社工等，且求助動機強，都是她的內在優勢。每有病情反覆，或幻聽出現，她就能自我察覺，及很快向合適的人員求助。她的睡眠品質雖時好時壞，但重要的是她知道穩定的睡眠對自己有關鍵性影響，當她狀態不好的時候，她會主動聯絡社工或社康護士，或直接提早覆診。這些對於幫助她管理病情和維持身心健康是十分重要的。

消閒活動、天資、技能方面，她除了去教會外，並沒有多少消閒活動。從小到大她沒有甚麼特別有興趣想做的活動，但繪畫卻是例外。工作員讓她知道精神健康綜合社區中心亦是她可運用的社區資源，幫助她發展自己的興趣和才能，於是她參加了中心的水墨畫班與書法班。

當被問及她生命中值得自豪的地方時，她所分享的內容盡是兒子，此時她發現了自己很多重要的內在資源。她提及兒子在性格上的一些優秀特質，例如乖巧、孝順、認真學習、順從父母等，都因為她教育得法。她對自己教養孩子的方式感到自豪，認為自己教出了一個很出色的孩子。工作員問她做了甚麼給兒子帶來好的影響，她分享自己是一個不會隨意批評別人的人，無論兒子講甚麼她都認真去聽，不

會打斷他的分享,也不會以媽媽的身份去批評他。此外,她很關心兒子,同時會給他很大的自由度,不會處處管束。遠在海外的兒子,幾乎每日都會打長途電話與她聯繫,足見二人之間的親密程度。

工作員與梁女士再進一步探討她的其他個人特質,她形容自己很愛家庭,有奉獻的精神,願意為家人付出和犧牲;對人有耐性,願意聆聽,心地好,願意幫助別人,懂得尊重別人等。由於她有這些美好特質,教會的姊妹和朋友都會找她傾訴,與很多朋友都能維持多年友好關係。從前她不會特別留意別人找她的原因,但現在她明白懂得聆聽、能夠設身處地明白對方立場的人不多,她變得欣賞自己更多。

6. 成效

梁女士起初覺得自己一無是處,過去盡是失敗的經驗、限制和不足。但做完此評估表後,她發現自己身邊有許多可用的資源,更重要的是尋回她忽略已久的內在特質和優勢,感覺自己擁有很多資產。

為兒子而自豪的部分,尤其有明顯的成效。她由本來只是一個很為兒子驕傲的母親,轉而認識自己懂得管教孩子的長處。談及此,梁女士的神情變得非常喜悅、很有自信,跟她描述原生家庭時相比,判若兩人。抓住這些內在優勢,以後她可提醒自己既然教養孩子有這些優良的特質,在對待父母時自然能表現出來。梁女士明白了,發現自己的內外優勢,確實可以應用在達成目標上的。

工作員發現當梁女士能夠認識和肯定自己的長處和能力時,她可以提升自尊和產生改變的力量。當然,工作員亦需要適當地鼓勵她將自己已有的內在優勢應用在達成目標上,例如她的宗教信仰令她明白奉獻的精神,令她在與家人相處時盡量放下計較,用心照顧父母。她的待人相處技巧亦可以運用在與家人相處上,在照顧父母的同時學會表達自己的需要。

外在資源方面，除了噴水池外，對交通網絡的掌握也幫助了她。原來帶父母去不同地方走走並沒有她想像中那麼難，以前她因為覺得困難總將這些推給哥哥去做。但做過評估表後，她不會再以執行困難作為不去行動的原因。這些外在資源鼓勵了她實施照顧父母的行動。識別自己的優勢所在，讓梁女士更有希望感、能力感，及更有信心在復元路上前行，相信自己可以在擁有這些資源的情況下完成目標。

7. 反思

個人能力評估表內容全面及詳細，填表加上討論，需要花的時間甚多，無論是工作員或是案主都需要有耐性才能逐一探討。整體而言，填寫這份評估表的感覺是極好的，因評估表設計得宜，可以讓案主全面地認識自己。如果不能逐一寫下來，就只能很空泛地問案主有甚麼優勢。評估表內容很豐富，案主切實地填完後，回望之下令人喜悅滿足，發現自己原來擁有很多。

當討論到優勢時，案主可能會驚訝於身邊一些平日不以為然的小東西也是優勢，以為工作員是為了安慰自己而過分樂觀，或因為找不到優勢而隨便亂寫，因而不大接受。是以工作員需要向案主灌輸一個概念：個人擁有的優勢不單是一般人公認的高學歷、專門技能、美貌與才智，身邊可以運用的任何事物都是自己的優勢。案主亦有機會不接受自己有某些內在優勢，工作員這時若能記得案主分享過的實際生活例子，可以在此時以對方的真實經歷提醒他並肯定他的優勢。

每個人都有他們獨一無二的優勢和經歷，也有不同的個人盼望及需要，透過填寫個人能力評估表，案主能全面了解自己，讓他們自己在復元過程中擔當主導角色，度身訂造屬於自己的復元計劃，有信心、希望、能力感地在復元路上向前行。

表 11. 梁女士的個人能力評估表

個人能力評估

個案姓名：＿＿＿＿梁女士＿＿＿＿

指示：此表格乃是一個「復元為本」的評估工具，旨在為工作員參考之用。工作員未必需要評估本表格所列出的每一個範疇，在第 2 至 8 題，如該項目對案主目前生活上的挑戰有幫助，請在口內打 ×。

1.　（1）你現在面對的困難／挑戰是甚麼？

　　　情緒不穩／幻聽情況

　　（2）這個困難／挑戰何時開始？

　　　自病發開始（2000 年）

　　（3）這個困難／挑戰現在怎樣影響你的生活？

　　　當休息不夠時，就會有各種徵狀。例如有聲音會責備她沒用、沒有人聽從她的話，有時甚至會因不安在家中高聲叫喊，會令家人擔心。

　　（4）如果 0 分代表完全沒有影響，10 分代表影響最大，這些困難／挑戰對你的影響程度是＿＿7＿＿分。

　　（5）自從這困難／挑戰出現，你曾嘗試哪些解決的辦法？效果怎樣？

　　　找中心姑娘傾訴／當發現自己煩躁不安和失眠時，會懂得去提早覆診／祈禱安靜自己

（6）請舉出一次成功解決這困難／挑戰的例子：

　　　有次哥哥從外地回來，媽媽特意和他飲茶，又不停斟茶給他，覺得媽媽沒有對自己那麼好，所以心裡祈禱，希望能夠安靜自己

（7）沒有再繼續採用哪些解決方法的原因是？

　　未必隨時找到中心姑娘／提早覆診

2. 居住環境

① 你目前在哪裡居住？獨居還是跟他人一起居住？	☐ 與家人同住
② 你對現在的居住環境有甚麼滿意的地方？	☐
③ 你對現在的居住環境有甚麼不滿意的地方？	☐
④ 你現階段希望繼續住在這裡還是想搬到其他地方？為甚麼？	☐
⑤ 請形容以往你住過最滿意的居住環境。	☐

現時的情況	個人要求與志向	個人和社交資源（過去曾作出的嘗試）
- 與家人同住 - 懂得做家務 - 有安定住所 - 樓下公園的噴水池 - 街市（價錢平）	寬敞的居所，裝修家居，可以多些私人空間。	曾在外國居住

3. 交通、流動性

① 你用過甚麼交通工具去你需要去的地方？	☐
② 你以前會用甚麼交通工具是你現在不再使用的？	☐
③ 你是否希望可以擴闊你在交通工具上的選擇？	☐
④ 如果你可以到世界上任何一個地方，你會想到哪裡去？	☐

現時的情況	個人要求與志向	個人和社交資源（過去曾作出的嘗試）
- 公共交通方便 - 有 $2 優惠車費	- 帶父母去覆診 - 懂得帶父母去哥哥的家 - 有機會回澳洲探望兒子	- 可駕車

4. 經濟、保險

① 你現在主要的收入來源是？你每個月有多少收入？	☐
② 你每個月的必需支出包括？	☐
③ 你希望目前的經濟情況有甚麼改變？	☐
④ 你一生中經濟情況最令你滿意的是哪個時候？	☐

現時的情況	個人要求與志向	個人和社交資源（過去曾作出的嘗試）
- 傷殘津貼（約 $3000） - 儲蓄	- 夠用就好（約 $4000） - 將來醫療開支更大，需照顧家人	- 家用 - 少量股票

5. 工作、教育

① 你現在的就業情況怎麼樣？請形容一下你的工作環境和性質。	☐
② 工作對你有甚麼意義？如果你現在沒有工作，你是否想找一份工作？為甚麼？	☐
③ 你現在有否參與任何可用到你的才能的助人活動？	☐
④ 你有甚麼活動是能夠帶給你快樂和工作與個人的滿足？ ⑤ 甚麼活動能夠帶給你快樂，以及工作上的滿足感？	☐
⑥ 如果你能給自己設計一份完美的工作，那會是甚麼？戶內或戶外？早上或晚上？要否出外公幹？是否要與他人合作？環境會是寧靜還是喧鬧？	☐
⑦ 你曾經有過最令你滿足的工作是甚麼？	☐
⑧ 對你來說，找工作還是保持工作比較難？為甚麼？	☐
⑨ 你現在有否參加任何課程來增進自己的知識和技能？	☐
⑩ 你有甚麼東西想學多一點？	☐
⑪ 你的學歷到甚麼程度？你對接受正規教育的經驗是怎樣的？	☐
⑫ 你對回到校園嘗試完成一個大學學位課程、學習一個新技能或純粹為快樂而學習有甚麼想法？	☐
⑬ 你是否喜歡教導其他人做某些事？你有沒有興趣做一個教練或成為其他需要幫助的人的指導？	☐

現時的情況	個人要求與志向	個人和社交資源 （過去曾作出的嘗試）
因需照顧父母及加上有傷殘津貼，暫不想找工作		婚前曾做文員

6. 社交支援、親密關係、宗教信仰

① 你的家人是怎樣為你提供社交上和情緒上的支持，使你感到 □
快樂和自我感覺良好？

② 你和家人的關係裡有沒有甚麼令你憤怒或不快的地方？ □

③ 你希望你和家人的關係會有甚麼改變？ □

④ 你喜歡在哪個地方休息和放鬆自己？為甚麼喜歡那地方？ □

⑤ 當你感到孤單時你會做甚麼？ □

⑥ 你有沒有一個可以給他打電話，聊天，一起做些事的朋友？ □
如果沒有，你是否希望可以找一個這樣的朋友？

⑦ 你是否渴望能與另一個人發展親密的關係？你會否希望有這 □
樣的關係？

⑧ 宗教信仰對你的生命有沒有甚麼意義？如果這方面對你來說 □
是重要的，你是怎樣經歷和表達你靈性／信仰上的一面？

⑨ 你喜歡大自然嗎？ □

⑩ 你喜歡動物嗎？ □

⑪ 你現時有沒有飼養寵物？如果沒有，會否想飼養一隻？ □

⑫ 以前曾否飼養寵物？ □

現時的情況	個人要求與志向	個人和社交資源（過去曾作出的嘗試）
- 基督徒，定期返教會，亦會當義工 - 兩位很親近的中學同學，會定期見面和傾訴 - 跟兒子用長途電話聯繫	- 祈禱可以幫助她穩定情緒 - 宗教信仰令她有被愛的感覺	- 過去有事情會跟先生講 - 過去亦有返教會，但因地點不方便所以跟朋友轉了教會

7. 健康情況

① 你會怎樣形容你近來的健康狀況？	☐
② 有好的健康對你來說是否重要？為甚麼？	☐
③ 你有做些甚麼來保持你的健康嗎？	☐
④ 你的吸煙習慣是怎樣？	☐
⑤ 你的飲酒習慣是怎樣？	☐
⑥ 你的飲咖啡習慣是怎樣？	☐
⑦ 你覺得煙、酒和咖啡對你的健康有甚麼影響？	☐
⑧ 你現在正在服用那些藥物？它們怎樣幫助到你？	☐
⑨ 你通常怎樣知道自己身體不舒服？身體不適時有甚麼最能幫助你平靜下來？	☐
⑩ 你有沒有遇上健康問題所導致的限制？	☐
⑪ 在健康範疇裡，有沒有甚麼是你想要的和認為自己需要的？	☐

現時的情況	個人要求與志向	個人和社交資源（過去曾作出的嘗試）
- 定期精神科覆診及準時服藥 - 需要時懂得自行提早覆診	- 睡得好 睡得甜 - 情緒穩定	- 一旦幻聽出現，她會聯絡社工或社康護士 - 定期覆診及準時服藥

8. 消閒活動、天資、技能

① 有甚麼活動你是享受的又能給你滿足感、平靜感和成就感？	☐
② 你是否希望能多參與這些活動？	☐

③ 你有甚麼技能、能力和天賦？（例如：彈奏樂器，作詩，跳舞，唱歌，畫畫等，或幽默感，同理心，善良等）	☐
④ 你的生命中有甚麼令你自豪的地方？	☐
⑤ 有甚麼令你快樂的事是你以前經常做但近來沒有做的？	☐
⑥ 以上哪一項活動是你現在會考慮重新探索？	☐

現時的情況	個人要求與志向	個人和社交資源（過去曾作出的嘗試）
參加中心的水墨畫班與書法班，可以讓我慢下來，凡事先思考再行動	讓自己有精神寄託	- 看戲 - 看電視劇 - 煮飯

9. 長處 / 強項：

(1) 你有甚麼特點使你成為一個堅強的人而又曾幫助你渡過難關？（例如：正面態度、有耐性、幽默感，有職業道德、有宗教信仰等）

- 願意犧牲，為家庭付出，有奉獻的精神

- 有耐性，願意聆聽

- 心地好，願意幫助別人

- 懂得尊重別人

- 宗教信仰：神的愛可以令自己更堅定去面對困難

(2) 你有甚麼特別的技能？

家務及煮飯

（3）你通常做甚麼作消遣？

看戲 / 看電視劇 / 水墨畫班 / 書法

（4）有甚麼人在你生命中曾經幫助過你？

家人 / 中學同學 / 醫生 / 社康護士 / 社工 / 院友

（5）誰人幫助你保持身體健康？

自己 / 醫生 / 社康護士 / 社工

（6）你現在住的地方和地區有甚麼好處？

公園噴水池 / 街市

（7）甚麼使你的人生有目標和意義？

- 可以令兒子健康成長，長大有成就

- 珍惜和家人相處的時間，因為父母年紀大，可以相處的時間不多

- 保持身心健康

10. 現階段生活中對你最具意義的三個渴望 / 目標：

【1】　　維持情緒穩定

【2】　　學懂怎樣照顧父母

【3】　　/

（1）現在有甚麼正阻擋你達到你的目標？

- 休息不夠時，就會有各種徵狀

- 父母的不體諒

- 身體的限制，未能去更遠的地方

（2）你以前怎樣嘗試去達到這些目標？

- 定期覆診

- 準時服藥

（3）你現在可以做甚麼來幫助你達到這些目標？

- 生活有希望，增加自己動力

- 徵狀管理

- 學習照顧技巧及吸收健康資訊

11. 盼望評估

（1）案主相信他／她有能力做一些事情令情況好轉：　　高／囲／低

（2）案主相信他／她將有途徑令情況好轉：　　　　　　高／囲／低

12. 希望狀況評估

請用少許時間集中思想現時在你生活中正在發生的事：	1= 完全不正確 至 8= 完全正確
① 如果我遇到阻濟，我會想出很多不同的途徑去解決。	6
② 目前我正在積極地追求我的理想。	6
③ 有很多方法可以對我正面對的各種問題有幫助。	6
④ 我覺得現在的我是頗成功的。	4
⑤ 我能想出很多不同的方法去達到我現時的目標。	5
⑥ 目前我正在符合我之前為自己定下的目標。	4

13. 你希望我們的服務可以為你提供甚麼幫助？／你覺得甚麼服務最適合你？／你對我們的服務有甚麼期望？

- 定期面談

- 中心的水墨畫班與書法班

- 健康資訊（例如講座／工作坊）

14. 以下哪些社區支援類別是你覺得值得考慮參與／接受？

住屋	交通	經濟援助	職業／工作支援
興趣／活動	宗教／靈性支援	學校／教育支援	兒童托管
自我照顧能力	家居管理	基本社區生活技巧	
健康管理	藥物濫用		

其他：

注：梁女士的內在資源，是對人尊重、有耐心、願意聆聽及幫助人、愛家庭，有付出及犧牲精神，不會隨意批評別人。這些特質不但在過去助她教出一個出色的孩子，及與朋友保持良好關係，這些內在優勢配合社區中的外在資源，更可助她達成學習照顧父母的目標。

二、介入工具（二）：人生大事回顧

1. 案主背景簡介

　　關於阿文的背景介紹，已在本書第四章（參見第 67 頁）部分詳述。

2. 復元第四階段情況

在這個階段，阿文肯嘗試去找他的朋友，他和朋友不時會見面、打羽毛球等。工作員和阿文傾談，覺得阿文對自己的認同感低，他不覺得自己有甚麼光明的前途。

3. 技巧的理念和使用的目標

該技巧的目標是跟案主探討並找出從小到大的不同時期裡，他認為自己有能力的地方體現在哪裡，具體做法是請案主回顧在人生的不同階段中是否有特別令自己開心或有成就感的事件，包括：童年期、青少年期、成年期、老年期。每個階段都會讓案主寫幾件成功事件，填寫完後，工作員會與案主探討每次成功事件反映出他有哪些能力。

4. 實際操作流程

人生大事回顧工作紙中有四欄，分別用作記錄童年期、青少年期、成年期、老年期的人生大事，鼓勵案主在每欄都寫一些他認為重要的事件（工作紙 03）。填寫完後，工作員會針對每個部分仔細和案主討論，用聽故事的形式慢慢讓案主講出當時的經驗，幫助案主探索成功事件反映出他有哪些內在的個人資源，或曾用過哪些外在資源幫助自己。之後工作員會幫助案主作總結，以找到在案主生活中一些穩定的能力和資源。

5. 個案操作範例

阿文在填寫童年經歷時，提到他印象深刻的事件是讀小學二年班的時候老師稱讚他唱歌很好聽，並請他在班上獻唱。當問及他從這個事件中看到自己的甚麼長處，阿文回答只知道從小到大唱歌倍受稱

讚，但父母卻說好嗓子也沒有用，沒辦法當飯吃。工作員接着問，唱歌雖然不能當做一個職業，但是唱歌會不會讓自己覺得開心，成為一種興趣呢？他回答說，唱歌確實是一種興趣，也因為這興趣所以去參與青少年的唱歌班。他也願意參加其他的唱歌活動，比如在教會或者外面的團體。但是現階段他沒有興趣這樣做，因為他都在關注如何找到穩定的工作。工作員再問阿文，老師稱讚他唱歌意味着甚麼？並問他唱歌是不是也算一個強項，有能力的地方？

在填寫中學時期事件時，阿文回憶一次學校郊遊時有個同學扭傷腳不能走動。一位老師陪着這個同學，讓其他人繼續前行，當時阿文主動要求留下陪這位同學，並和老師一起扶同學去看醫生，這件事讓他很開心。工作員問阿文這件事對他來說代表甚麼意義，他說讓他覺得自己是一個會關心別人的人，同時不怕辛苦（因為扶着同學去醫院的過程是辛苦的）。他覺得人與人之間應互相扶持，但現在自己長大了卻不太敢於尋求幫助。

阿文回顧的另一件事是中學時他和幾個同學去了三日兩夜的露營。當時下起大雨，帳篷濕了，路上也有點滑，還走錯了路。他說這次經驗令他印象深刻，因為即使辛苦，最終也能平安回家，完成這次的活動。工作員問他如何從這件事看自己的能力？阿文說看到自己有能力面對和解決一些困難，尤其當時迷路，他引導大家找到正確的路。大家互相合作，可以讓很多困難迎刃而解，他也很珍惜那時的相處，這些人亦是羽毛球隊的隊員。還有一件是參加校級羽毛球比賽，全體獲得了第二名，他拿到八強中的第六名。他說這是他 18 歲之前人生的最高點，他形容當時自己是一個刻苦努力的人，並且可以通過刻苦努力獲得成績，也知道自己很盡力，能夠面對很多的困難。當時家人並不太同意他太沉浸於羽毛球中，阿文也提到如果他當時不堅持，盡量和家人力爭，他很可能做不到這件事，得到這麼開心的感

覺。所以他覺得當時的堅持也給了自己很大幫助。

阿文寫不出任何 19 歲以後的經歷。工作員和他探討了原因，他說自從生病以後整個世界就好像完了，覺得自己一無是處，生命不再有希望，所以在成人階段沒甚麼值得寫下來。工作員認真和他探討了他是不是真的一無是處，並鼓勵他仔細去想。他說如果真的要找出一件事，就是 26 歲的時候賦閒在家，覺得很悶、不開心，他不理家人意見去台灣玩了兩個星期，去的時候感覺很舒服，回來後也覺得整個人不再這麼抑鬱。工作員接着問這件事反映他自己的能力是怎樣的？他說當時真是沒有選擇，覺得很悶，去台灣避一避，可以不用面對爸媽。但這也是人生第一次自己出遊，以往都會和父母一起。工作員問說，其實一個人出門也有很多事是需要自己處理的。他說算是自己安排得不錯，順利完成了旅程。

由小學開始，阿文面對困難的時候，他都能夠幫助自己解決問題。但現在又覺得自己沒甚麼能力，比如每份工做不長。工作員一邊聽，一邊提醒他具備能力的地方。同時準備了一張清單，將他提及的個人能力寫下來，例如喜歡唱歌、不怕辛苦、努力面對自己的困難、對一些事情有堅持、有計劃。然後請他細看清單，讓他明白雖然覺得自己現在沒有甚麼能力，但是他的人生曾經也出現過不少有能力之處。（表 12）

6. 成效

這活動雖然未必能在短時間內令阿文有明顯的改變，但當工作員幫助他發現自己的能力和優點的時候，無形中增加了阿文對自己正面的感覺，而不是他一直認為的一無是處。找出他的內在資源和能力，在未來他製訂計劃時，工作員會給他看能力清單，提醒他可以利用這些資源來幫助自己達成目標。同時工作員也會將好的經驗放在阿

文的豬仔錢箱裡（該介入技巧在本書第九章有詳細介紹），希望將來可提醒阿文他自己有很多能力。

7. 反思

在用人生大事回顧工具時，有些案主在填寫過程中很容易想起自己的負面經歷，工作員要清楚的讓案主知道表格中主要是填寫正面、成功、開心的經驗。有些事件雖然並非是很正面的，卻是案主有非常深刻印象的，案主也會填上，此時工作員須引導案主看到事件的另一面，就是事件中所反映出的案主的正面特質及能力。工作員要有一定的敏感程度，才能夠做得到這點。

另一方面，有些案主表示甚麼成年期事件都想不到，也沒有成功的經驗，認為自己一無是處，沒有甚麼可以分享。此時工作員應該提醒案主留意，是否因為被不開心的事件淹沒了，所以想不起開心的事。如果案主始終想不到任何事件，工作員也不必強迫案主。填寫完這表格之後，工作員要跟案主進行歸納，將正面的能力記錄在能力清單中，或可放進豬仔錢箱中。因為這些正面的經驗和例子，會在將來和案主重新談起成功經驗時，發揮重大作用。

表 12. 阿文的人生大事回顧

請嘗試回想在你的人生不同階段中，令你開心、有成功感及印象深刻的事件，請把事件扼要記錄下來。

童年	青少年	成年	老年
事件一 小學二年級（7歲）被老師稱讚我有一副好嗓子，老師邀請我在班中獻唱。	**事件一** 15歲時與幾位同學一起去露營，中間經歷了一些危險，但最後平安無事。	**事件一** 初時想不到，覺得自己18歲後一無是處；26歲時因賦閒在家，百無聊賴，便獨自跑到台灣流連了兩個星期左右，但去後感覺良好。	**事件一**
背後的意義 我喜歡唱歌，雖然不能成為職業，但也可以是個興趣，同時我不是一無是處。	**背後的意義** 我亦有一些解決問題的能力，可能我一個人做不來，但有別人幫忙就可解決到。	**背後的意義** 在不開心的時候，可為自己做點事，還算可以；這是第一次獨自出門，但仍能完成旅遊活動，我都算是有能力計劃事情的人。	**背後的意義**

童年	青少年	成年	老年
事件二 小學一次旅行途中，一位同學傷了不能走動，我挺身而出，扶他去醫院。	**事件二** 16歲時，校際羽毛球比賽拿到團體亞軍，個人亦進入八強。	**事件二**	**事件二**
背後的意義 我關心別人；也不怕吃苦，因為扶著他走動時很辛苦；人與人之間可以相互扶持。	**背後的意義** 我刻苦，努力，就有成績；我很享受與朋友一起的時候，我真誠地對待朋友，朋友亦真誠地對待我。	**背後的意義**	**背後的意義**

在這些經歷中，你發現自己有甚麼正面特質？在面對這些事件中，你對自己整體有甚麼評價？

三、介入工具（三）：識別社區資源

1. 案主背景簡介

　　陳太太現年五十多歲，年輕時曾在海外進修，結婚前是一位事業女性，婚後放棄工作，成為全職主婦，與丈夫育有一子。然而，陳太

的婚姻生活並不美滿。婚後不久，她懷疑丈夫不忠，丈夫染上賭博陋習，花光家中積蓄，令夫妻關係日益惡劣，陳太更因此患上抑鬱症。

十多年來，陳太太一直深陷在抑鬱症中，且因情緒困擾曾多次試圖自殺。好幾次她在兒子面前試圖結束生命，但都被兒子制止了。這些年來，她經歷了經濟壓力與婚姻問題，病情一直起伏不定，雖然持續就醫服藥，仍無法完全恢復。

數年前，陳太太因多位親人陸續過世，無法走出哀傷，抑鬱症復發。醫生認為陳太太需要接受藥物以外的輔導，遂透過社康護士將她轉介至精神健康綜合社區中心接受服務。

2. 復元第四階段情況

在接受輔導初期，陳太太仍深受抑鬱症困擾，每日以淚洗臉，難以入眠，連記憶力也受到影響。每當想到丈夫的行徑，她就會深陷負面情緒之中。陳太太有時在整節輔導時間中，都不能止住眼淚，無法承受的憂傷令她與工作員的面談無法進行。

起初陳太太最渴望達成的目標是離婚，她認為離婚就能解決一切問題，只要能離婚，她的生活就會變好，無須日思夜想盡是丈夫令她傷心的事，不會對丈夫再有期望，生活可以變得自由，憂傷也會離開她。

工作員與陳太太一起討論離婚的實際步驟，分析她過往一直無法實踐這個想法的原因。在分享中，工作員發現陳太太離婚的主要困難在於經濟，因丈夫是家中唯一的收入來源，兒子還是學生，需要依賴丈夫的收入支持學業。此外，住屋問題也是她需要去面對的，假若離婚她須要搬離丈夫名下的公屋，然而她也難以找到另一個棲身之地。當工作員和她一起討論離婚過程、財產分配及其他相關事項，她才明白需要安排的事情如此之多。過去她以為離婚可以

像魔法一樣變走所有的傷心與煩惱，了解後才明白，並非單憑離婚就能把所有問題處理好。

其後，透過完成個人能力評估表，工作員發現陳太太有許多夢想和期許。她渴望能回到婚前在國外的日子，回到那個地方重拾當年自在的生活。同時，當討論到希望能打扮自己的想法時，陳太太發現自己其實是想向丈夫展露美貌，與他修補關係。評估以後，陳太太釐清了自己真實的想法與渴望。

然而，陳太太的現實生活卻是終日鬱悶在家，胡思亂想，只懂追憶往日的美好而無法向前。她的生活形成了一個惡性循環：因為困在家中百無聊賴，令她回想以往美好的日子；以前的美好與現時不如意的生活對比，又令她加倍感覺悽涼。受負面情緒影響的她，生活更是失去動力。工作員為了協助她從惡性循環中突破，嘗試從活動着手，使用認知行為介入工具中的活動尺，幫助陳太太找出對復元有幫助且又是自己喜歡的活動。

工作員邀請陳太太填寫活動尺工作紙（工作紙 04）。在工作紙上，陳太太需要先填寫十項自己感興趣的活動，然後為每項活動做兩項評分：該活動給她的滿足度，達成該活動的難易度。陳太太寫下十項當時她最想做的活動，如獨自探索大自然、與朋友郊遊、美甲、織毛衣、烹飪等等。這些活動其實可以分為戶外與室內兩類，有趣的是，戶外活動都被她評為較難達成但又能帶給她較多歡愉的。

在完成工作紙期間，陳太太提到她最懷念的就是當她還在國外時，可以隨心前往草地、公園、廣場一類寬廣而舒服的地方，以咖啡相伴，寫意度日。她十分渴望回到這種悠閒而舒適的生活，也很渴望與散居港九各地的好友碰面，然而經濟上的困難使她卻步。香港郊遊的地方雖不少，但離她住的地區卻很遙遠，加上百物騰貴，外出一趟所費車資不菲，超出她的承受能力。若是與朋友會面，還要加上餐

費，這些都令她倍感壓力。

工作員了解陳太太的內心掙扎後，決定幫助她識別可以用到的社區資源，協助她達成自己的目標，進而在復元路上可以往前踏出重要的一步。

3. 技巧理念與使用目標

在復元的理念下，工作員協助案主識別及使用外在資源，其背後理念是讓已經存在的社區資源成為復元人士的助力，幫助他們運用資源達成自己所訂的目標，發展自己，在社區中過有意義的生活。社區資源十分廣泛，可以理解為外在的優勢，可以包括：居所附近的公共設施如圖書館、運動場、公園、便利的購物市場；政府提供的福利、經濟援助、法律援助；支持自己的家人和朋友；社區裡的精神健康服務等等。

工作員在引導案主發掘社區資源的過程中，不但可擴闊其視野，亦能讓他們知道及行使自己公民的權利，享用合適的公共服務及設施，感覺到自己是社區的一份子，這對於融入社區非常重要。另一方面，若案主能了解自己的內在或外在資源，可以學會自助，無須經常倚賴工作員的輔助，也能獨立發掘和運用不同社區資源以達成目標，過自己喜歡的生活。

4. 個案實際操作

工作員發現陳太太實現外出活動願望的主要困難在於車費昂貴，於是向陳太太介紹了政府提供的殘疾人士乘車優惠。每一位被確診且定期覆診的精神病患者，只須辦理申請手續，均可獲此優惠，故陳太太是合乎申請資格的。申請成功者搭乘香港各區多種交通工具皆享有乘車優惠，不論路程長短均一車費只需兩元，此社會資源對陳太

太的處境來說正是一大佳音。

初時陳太太對申請乘車優惠一事十分介懷。如很多人的觀念一樣，她覺得這福利尤如綜援，又不是肢體傷殘，怎能白白接受政府援助呢？工作員解釋領取此優惠可看為暫時性的，目前她有經濟困難與健康問題，接受政府支援可幫助她渡過難關，乘車優惠可讓她前往不同地方，提高生活質素及情緒健康。當她身心都得到復元後，便可取消優惠，在恢復工作能力後更可回饋社會。

然而，她對申請優惠仍有顧慮。在她的概念中，申請政府資助勢必要準備資產審查，而資產審查所需資產證明繁瑣眾多，手續也麻煩，與她關係不佳的丈夫恐怕不會樂意接受。針對她的憂慮，工作員與陳太太一起查看申請優惠的相關要求與步驟。經查核，原來殘疾人士乘車優惠的申請過程不包含資產審查，陳太太只須按照步驟簡單申請即可。得知這消息後，她最後的憂慮也釋去了。

乘車優惠申請成功後，工作員與陳太太一起計劃如何使用乘車優惠達成她在活動尺上所寫的戶外活動，包括探望各方好友，前往郊外舒展身心等。工作員提供的協助與建議，讓陳太太能認識一些她不熟悉的交通工具與路段。工作員還介紹一些郊遊地點給她，讓她有機會可以重拾往日在國外生活的感覺。

在陳太太日漸掌握這項社區資源的期間，她得知一位朋友患上癌症，且已被診斷為末期。幸好這時陳太太已經不再有交通上的顧慮，於是在朋友生前可以多次探望她，也可盡力幫助這位朋友完成最後的心願。那段日子的探望，讓友人可以帶着微笑離開，也讓陳太太無憾地跟朋友道別。過去她因為無法接受親人離世而得的心結，似乎也有點釋懷了。

5. 成效

對陳太太來説，乘車優惠使她能有更多機會接觸朋友，無須整日困在家中，獨自面對日常生活的困擾與情緒。社交生活變多，她就能有更多向朋友傾訴的時間，這對她的情緒有很大幫助。離家前往不同地方、遇見不同事物也令她變得開心，轉變她的心境。

在朋友離世前的那段時間，她做了許多事情，雖然傷感，但她覺得自己比起以前親人將要離世時的狀況有所進步，應對死亡與哀傷變得更為成熟。

工作員幫陳太太找到第一個社區資源後，也讓她感覺原來取得社區資源並不如想像中困難，這增加了她去取得其他資源的信心。她已經踏出了第一步，在走第二步、第三步時便不需要別人很多扶持。最後，使用外在資源的信心與能力也成為她的內在資源。

6. 反思

我們不否定輔導室內的工作，個人輔導的確能幫助案主整理思緒、提升自我覺察及了解、舒緩情緒困擾等，但也不能忽略社區參與對復元的重要性。人是必須跟其他人和社區建立連繫以建立歸屬感，所以協助復元人士把注意力從自己的問題轉移及擴展至與人和社會連繫，這一環不可或缺。復元概念中之識別及運用外在資源，確實很有意思。對於陳太太來說，運用了合適的社區資源，不單能帶動情緒的改善，同時也產生其他方面的體會和進步。

普遍來説，協助案主識別社區資源時，工作員應注意案主是否已準備好去接觸社區，有部分復元人士可能尚未有此心理準備。在以上案例中，因陳太太本身已有很多朋友，社交網絡並不狹窄，只是因為經濟困難及不認識可獲得的資源而無法拓展社交生活。若案主處於恐懼與人接觸的狀態，工作員可能需要花多些功夫幫助他突破心理障礙，才慢慢學會使用社區資源。

第七章

復元第五階段：
設定任務、策略及
計劃以達成目標

　　第五個階段是幫助案主制定具體的行動任務或方案，令案主完成在上列階段所定的目標。這些任務或方案必須是具體和可行的。長遠的目標可能要細分為小目標，中間亦須設定一些小的任務或策略，以幫助案主逐步完成。要注意的是必須一步一步來，不能操之過急，或定太大太難的任務，以免使案主得到負面和失敗的經驗，無法建立能力感。以下會以兩個案例介紹五常法及行為驗證法這兩種認知行為治療的工具，如何協助案主設定策略以達成其目標。

一、介入工具（一）：五常法

1. 案主背景簡介

　　關於案主高太太的背景介紹，已在本書第三章（參見第 50 頁）部分詳述。

2. 復元第五階段情況

　　本書第三章曾提到高太太在復元初期已有很大的改變動機，因為她很愛自己的孩子，不希望他們受自己情緒影響，破壞親子關係，也不願自己常被困於抑鬱之中。然而她不能控制自己的負面情緒，更找不到改變的良方。工作員引用她的生活事件，與她一同進行身心思維分析，高太太開始察覺自己在管教時容易出現負面想法，導致情緒如同火山爆發般，在情緒激動下便有打罵兒子的行為。她明白這會嚴重影響親子關係和個人情緒健康。有了這一份覺察之後，高太太定下了兩個復元目標：改善情緒管理及管教技巧。

　　定立目標後，工作員便開始與高太太一同制定可行的策略與任務，朝向所訂定的目標邁進。針對改善管教技巧方面，工作員與案主

一同檢視以往的管教模式，協助她發掘自己本身擁有的一些正面且可行的管教技巧，這些也是她的內在資源，例如：讚賞、因材施教、重視親子時間等。工作員鼓勵她繼續運用這些內在資源來改善管教子女的技巧和親子關係，另一方面又透過角色扮演來學習有效地與孩子溝通。

至於情緒管理的目標，在這第五階段前，高太太已了解自己容易跌進「大難臨頭」的思想陷阱中而情緒受困，同時出現打罵孩子的行為。於是工作員向她介紹另一個認知行為介入工具——五常法，鼓勵她運用其中的策略，協助自己避免跌進思想陷阱，以達成管理自己情緒的目標。

3. 技巧理念與使用目標

五常法是一套具策略性及計劃性的工具。運用五常法的目標，旨在避免跌進思想陷阱，因而作出自動化的情緒及行為反應。在使用五常法前，案主必須充分明白想法如何影響情緒，及認同自己很多時會不慎跌進思想陷阱，即當時想法並不客觀。有了充分的認知才能推使案主再遇到引發情緒的事件時，作出不同的應對行為。

五常法的五常，是指：（1）常留意身體警告訊號、（2）常喚停負面想法、（3）常自我反問、（4）常分散注意力，以及（5）常備聰明卡。做法是引導案主預想當遇到引發情緒的生活事件時，有甚麼有效的策略阻止自己跌進思想陷阱。由於預先計劃了應對策略與步驟，當真實遇事時案主就更有信心應對了。經常練習為自己度身訂造的五常法，久而久之便能改變慣常的不良反應模式。

4. 實際操作流程

五常法的五常是指：

（1）常留意身體警告訊號

讓案主認知身體反應如同情緒探測器，讓人覺察到自己負面情緒的出現。例如憤怒時會心跳加速、面紅耳熱；緊張時會冒汗、肌肉繃緊等。這些身體的訊號，讓人警覺不要重蹈覆轍。

（2）常喚停負面想法

常喚停負面想法的作用，是叫自己「腦袋停一停」，在思緒混亂時提醒自己不要越鑽越深，要將負面思想叫停，也要察覺自己是否已跌入思想陷阱。

提醒自己的方法可分為行為和說話兩方面：行為方面，可以作深呼吸、喝杯水、按摩身體繃緊的部分；說話方面，可以用一句簡短的話喚停自己，提醒自己若繼續深陷將會使情況變得更差。

工作員可以提供一些例子，讓案主尋找適合自己的方式，建議可用以下的例句：

　　① 等一等，現時情況並不如想像中的那般壞！

　　② 停一停，想一想，不要鑽牛角尖！

　　③ 不要再想下去了！

　　④ 停下來！不要把事情看得這麼悲觀！

（3）常自我反問

簡單的自我反問方式，可以駁斥自己的思想陷阱，糾正並轉化負面思想，擴闊案主看事件的觀點與角度。當案主只有單一想法時，這些問句可以引導他思考其他可能性，例如其他人面對同樣的事又會

有何想法等。

以下是一些可供參考的反問句子：

① 除了這個負面想法外，有沒有其他的可能性呢？

② 事情是否真的如我想像般那麼糟糕呢？

③ 是感覺抑或是理性原因導致這種判斷？

④ 是否沒有我就不能成事？

⑤ 除了別人外，我有沒有責任？

⑥ 我是否想得太多，阻礙自己把事情付諸行動呢？

⑦ 為甚麼我要如此悲觀，認為一定會失敗呢？

⑧ 自己有甚麼做得很好，值得讚賞？

⑨ 如果我繼續負面的想下去，會給我帶來甚麼壞處呢？

⑩ 是否有證據或理由證明我這個想法絕對正確？

以上例句都可以協助案主變換思想的角度，根據案主的實際需要轉變問句的用詞，透過討論調整出合用的問句。

(4) 常分散注意力

當案主察覺到出現負面思想時，可以把注意力分散或轉移到另外一些無關的事情上。該技巧的特點是盡快轉移注意力，避免過分專注在負面思想中而無法自拔。

工作員須協助案主去思考，當他開始在腦中不斷循環負面思想時，可以做些甚麼能有效地令他分散注意力。例如：外出走走、洗澡、聽音樂、看電視等。

(5) 常備聰明卡

案主可以提早挑選一些令自己感覺舒服或是正面積極的金句，將它們書寫於情緒聰明卡上，並放在顯眼位置或隨身攜帶。當感到出

現負面情緒時，便可取出情緒聰明卡，嘗試讓自己投入卡片上的文字描述中，使自己的情緒得以舒緩。

工作員可使用五常法工作紙（工作紙 05），讓案主更容易掌握五常法工具。使用工作紙時，工作員可先向案主說明五常法的每一部分，在此過程中協助案主發掘他們已有的內在資源，並引導他們在日常事件中應用五常法。

在使用工作紙時，可請案主先寫上一件日常生活中引發情緒困擾的事，工作員再協助案主一起分辨事件中所出現的負面思想或思想陷阱。接下來可以逐步填寫五個方法的運用：① 留意一下身體出現甚麼警告訊號；② 察覺到負面想法後喚停自己的方式；③ 列舉反問自己的句子，以助拆解負面思想；④ 選擇一些有助分散注意力的具體行動；⑤ 按個人需要寫下聰明卡。

5. 個案操作範例

以高太太的個案為例，高太太看到兒子剛分發的考試成績表後便開始為下一個考試擔憂，透過身心思維自我分析表的協助，高太太察覺到這些擔憂背後的負面思想：她擔心兒子因為取得好成績而驕傲自滿，開始降低自我要求，不再認真學習。她還認為兒子的成績會因此大大退步，無法取得期望的分數，甚至影響到日後的升學考試，沒有學校再願意收錄兒子……透過身心思維自我分析表，高太太辨識到自己原來已跌入「大難臨頭」的思想陷阱中。

當高太太提高了改變動機，以及認識到自己常常跌入大難臨頭的思想陷阱後，工作員便開始與她運用五常法，一起學習如何察覺自己的負面想法，並為自己度身訂造走出思想陷阱的方法。

學習五常法後，高太太格外留意自己的身體警音訊號。每當她遇到管教壓力而開始頭痛時，她便察覺到自己已進入情緒困擾的狀

態。此時她會離開與兒子爭論的現場，走入廚房先洗洗臉及飲杯水來分散注意力，並叫停自己的負面思想。同時，高太太也會開始分析自己跌進了哪裡思想陷阱中。在高太太的自我辨識中，她察覺到自己經常陷入的思想陷阱是「大難臨頭」、「非黑即白」和「妄下判斷」，誤會兒子溫習較慢就代表不認真。

另一方面，她也學會反問自己：事情是不是真的如自己想像中那般差呢？是否將來真的不會有學校錄取他？她也學會問自己：有甚麼證據可以證明兒子學習馬虎呢？又有何證據證明他下次考試成績一定會退步呢？她會靜心想一想，其實兒子的表現並不是馬虎了事，他因取得好成績而開心，但沒有自滿。一句句的反問自己，讓她開始從

表 13. 高太太的五常法

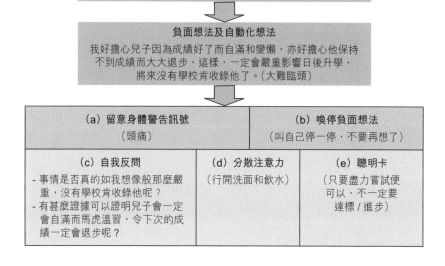

「妄下判斷」和「大難臨頭」的思想陷阱中走出來。

最後,她會拿出經常放在身邊的聰明卡。高太太在接受輔導的過程中也學習如何放寬自己的思想規條,轉變想法後,她把新的信念寫在聰明卡上:「盡力嘗試就可以了,不一定要達到標準,也不一定每次都要進步的。」她以此提醒自己,無論是她自己還是兒子,其實盡了力已很好,不一定要達標的。(表13)

6. 成效

高太太定下的復元目標,是改善情緒管理及管教技巧。她掌握了如何使用五常法後,其實便已學懂一套管理情緒的方法,而她情緒改善後,也容易發揮本身所擁有或所學到的管教技巧。以往的她容易因情緒激動而打罵孩子,以致影響親子關係,如今的她已學會更快地識別自己的負面思想,以及適當地調節負面情緒,並應用在管教中。

走過這個階段後,工作員開始觀察到高太太的正面轉變:她能清楚辨識自己的思想陷阱,並幫助自己運用所學的五常法來調節情緒,打罵孩子的情況大大減少了,兒子也願意主動親近母親和傾吐心事,親子關係有明顯的改善。當工作員留意到案主正面的轉變,便給予具體的肯定和稱讚,進一步強化她的進步。

7. 反思

五常法本身有清楚的步驟,容易掌握,即使沒有工作員在旁,案主學會後也能自用。高太太本身有一定的解難能力,在未接觸五常法之前,她已懂得以離開現場、飲水、洗臉等方法來冷靜情緒。工作員視之為她的內在資源和個人優勢,並真誠地表達欣賞,確認她本身有管理情緒的能力。這樣的認同和肯定可以提升她的能力感,也使她在運用五常法時更有信心。

　　不同特質的案主在使用認知行為介入工具時的效果會略有不同，因高太太的領悟能力和自省能力較高，故她相對容易掌握當中的工具與技巧。加上，她願意學習新事物，開放接受意見，這些積極正面的個人素質都是五常法在她身上可以發揮明顯效果的原因。

　　復元模式的介入手法着重發掘案主的內外資源，辨識正面轉變。在輔導高太太的過程中，工作員找出她的正面轉變和她本身的能力，並給予她即時的肯定和稱讚，可以讓她確認自己的優勢，建立自信心，提升自己的情緒管理和管教能力。高太太在生活中極少獲得稱讚，當工作員稱讚她時，她才發覺原來自己可以做到這些事。這進一步強化了她的正面轉變。

　　五常法的五種步驟中，部分案主難以掌握反問的技巧，因為一般人所陷入思想陷阱多已根深蒂固，很難做出改變。因此，工作員在輔導程中須親身示範，同時，須給案主鼓勵和學習的機會，讓案主嘗試運用反問技巧來轉化自己的負面想法。不然，當他們在現實生活中被負面思想突襲時，便難以處理負面思想所帶來的情緒困擾。

二、介入工具（二）：行為驗證法

1. 案主背景簡介

　　阿盈，三十出頭年紀，受抑鬱症困擾超過十年，初時有思覺失調的徵狀。阿盈在初入職場時，因無法處理工作壓力而發病。發病之後阿盈曾賦閒在家數年，遠離工作的壓力，後來因家中經濟困難，不得不再次投身職場。

　　阿盈性格十分文靜，為人內向而被動，在工作上經常被上司責罵。雖然家人待她很好，但她在心裡卻經常將自己與妹妹比較。相比

之下，她總感覺自己很差勁，而妹妹則是她心目中的理想形象：既主動又樂觀，在身邊圍繞着許多朋友。文靜的她卻很少朋友，在朋輩之間也不懂如何自處。

2014 年間，阿盈開始在愛羣社會服務處的精神健康綜合社區中心接受服務。當時她的情況相對病發初期已較為穩定，已沒有思覺失調徵狀，然而因為難以調適工作上的壓力以及人際上的不愉快，情緒容易陷入抑鬱狀態，令生活深受困擾。生活中的各種挫折，她都一一歸咎於自己的性格，認為是自己內向文靜的性格造成了她在人際相處上的問題，也是同一原因使她無法優秀地完成工作。她認定改善情緒困擾的唯一方法，就是改變自己的性格，如果她擁有像妹妹一樣的性格，就能結交許多朋友，生活會變得更開心，工作上也會更積極且快樂了。因此，阿盈相信自己復元的唯一目標，就是改變自己的性格。

2. 復元第五階段情況

工作員開始接觸阿盈時，已感覺到她對事情的歸因方式非常特別。她將所有不如意的事都歸咎於自己的性格，並極端地認為只要自己性格如妹妹，就能得到一切的幸福。於是工作員與她進一步探討她的故事。

阿盈對自己性格的負面判斷始於她的成長經歷：阿盈有一位年齡相若的妹妹，妹妹性格十分外向主動，擅於社交，自小就常被親戚朋友稱讚和疼愛。阿盈見身旁的人普遍都較為喜歡妹妹，於是自年幼時便常把自己跟妹妹比較，並認定自己文靜、內向的性格是不可愛、不得人喜歡的。

在阿盈的社交經歷中也有一些場景加強了她「文靜性格是不好的」這個信念。例如：她跟一群朋友出外吃飯時，兩旁的朋友都在聊天，坐在中間的她，雖然很想參與其中，但卻完全無法加入。被動的

她感覺自己在人群中如同孤島，往往只是安靜地低頭吃飯。另一個經常出現的場景，是當她參加社交活動時，看見其他參加者在休息時間各自三五成群交談，她卻是獨自一人，默默地坐在一旁。這些場景總是令她十分難受，她相信讓這些場面產生的原因，正是因為她這「不好的性格」。

她感覺自己太文靜，沒有話題、和別人無法閒聊的情況讓她極不自在。每當碰到這種情況，她就會在心裡責備自己不主動和內向，甚至認定自己是個非常古怪的人。當她無法承受這感覺，或極度不自在時，甚至會提早離開聚會。這些情況十分困擾她的情緒，內心的自我否定和拒絕，漸漸變得更加嚴重。

在工作上，阿盈的上司脾氣暴躁，那是每位同事都公認的。上司經常在公司嚴厲地責罵下屬，當然也以同樣的態度待阿盈。然而她卻一直認為是自己不夠主動的個性導致表現不佳，每當遇到上司對她嚴苛責罵，她都會立即自動化地自我批判，上司責罵似乎證實了她自己表現差劣的想法。她經常責備自己粗心大意、做事不夠仔細、預備不足。但工作員在與她分析事件時，發現她實際上已做得很好，只是她無法肯定自己。在輔導初期，阿盈向工作員透露，因工作上的不如意，她的胃口變差，睡眠質素惡化，雖然還能出門上班，但渾身乏力，也沒有心思做事。

初期阿盈認為自己的復元目標是改變自己的性格。但與阿盈詳談後，工作員察覺到她很容易跌進思想陷阱，於是跟她一起做了身心思維自我分析。阿盈逐漸明白自己容易跌入「妄下判斷」、「貶低自己」、「攬晒上身」等思想陷阱，並察覺到自己凡事歸因於性格不好的狀況。工作員讓阿盈明白真正要改變的並非自己的性格，而是自己的想法，坦然接受自己內向文靜的性格傾向，認同這種性格亦有其長處，以達到改善情緒的目標。

在協助阿盈的過程中，工作員發現她對性格的極端觀念及僵化的思想規條。為了達成復元目標，在這五階段，工作員同時使用行為實驗法來幫助她放下「文靜性格是不好的」信念。

3. 技巧理念與使用目標

行為驗證法多用以拆解案主一些根深蒂固但未經證實的信念，突破認知上的盲點和舊有觀念或思想規條所帶來的限制。行為驗證法的運作原理，是由工作員針對案主的思想規條或固有信念，與他一起設計出實際可行的相關實驗內容，然後推動他去執行實驗中的任務，讓他從中體驗或觀察實驗結果，透過這些生活中的實驗，使案主驗證自己的信念是否真確可信。在完成行為實驗後，工作員會協助案主回顧經歷，並引導他分析，以實驗結果作證據驗證他原有信念的真確性。藉着這些行為實驗，期望能動搖甚至推翻案主的固有想法。

使用行為驗證法，可按以下四個步驟施行：

（1）識別信念：觀察並分析案主的思維模式，找出給他帶來負面影響的僵化信念或思想規條。

（2）設定任務：協助案主尋找或設計出相應、可行的實驗方式，去驗證他的信念是否真確和合理。

（3）進行實驗：鼓勵案主實行計劃中的驗證方法。

（4）回顧分析：在案主完成實驗後，與他一同分析實驗情形與驗證後獲得的結論，將結論與案主原先的信念作對比，並探討兩者的不同。

4. 個案實際操作

（1）識別信念

在工作員與阿盈一同識別她的內在優勢與資源的期間，阿盈在工作員的引導下雖然可以講出一些自己值得稱許的特質，但當工作員將這些特質寫下給她看時，她卻前後矛盾地否認了，並說自己沒有任何優點，強烈地表示文靜是不好的性格。

工作員和阿盈談論各種不同性格，了解她對性格的看法。在對談中，阿盈向工作員表示有時也會覺得喋喋不休的人很煩擾，並非能言善道就是全然的好。另一方面，阿盈的好友在性格也和她相近，偏向文靜。當談及文靜的朋友帶給她甚麼感覺時，阿盈回想起她們在相處上帶給自己舒服的感覺。可是，一旦落到自己身上，她還是會矛盾地相信文靜的性格是不好的。

當談到自身性格時，阿盈否定自我的情況是十分非理性的，長久以來建立起的固有信念使她盲目，讓她時常陷入思想陷阱，影響情緒。由於每次談話時，阿盈都會重複提及同樣的想法，故此工作員很快就能識別這正是她需要調整的信念。

（2）設定任務

工作員針對阿盈「性格文靜是不好的」這個信念，為她設定了兩個任務。首先工作員請她留意那些性格文靜的朋友如何跟人相處，與她跟人相處的情況有沒有分別？她們的情緒有沒有被人際相處問題所影響？另一方面，工作員也請阿盈直接詢問文靜內向的朋友對個人性格的看法，再對比自己的看法，是否相同？究竟那些朋友會否像她一樣感覺自己性格很差？抑或有其他看法？

（3） 進行實驗

當阿盈與性格文靜的朋友碰面時，便進行工作員安排的兩個實驗任務：① 觀察她們與人相處的情形；② 詢問她們關於性格的看法。

阿盈在任務中留意到，性格文靜的朋友在與人相處時是自在的，與自己的不安和困擾有很大差別。她們即使有着同樣的性格特質，也可以在群體中自在坦然，這種性格並不會妨礙其人際交往。作為她們的朋友，她自己在與她們相處時也是感覺自在的，並沒有因為對方的性格而出現任何不快或難受。

另一方面，當阿盈問她們對自己性格的想法時，她們的回答是不覺得文靜性格是個問題或不好，亦沒有任何負面想法，甚至認為這樣的性格和別人相處是舒服的。阿盈發現原來其他人的觀點，與她的想法截然不同。

（4） 回顧反思

阿盈完成行為實驗的任務後，工作員在接下來的會面中和她談及實驗結果，一同回顧所觀察到、所詢問到的結果與她原先的看法有何不同之處。很明顯，兩項行為實驗結果都清楚地反駁了「文靜性格是不好的」信念。（表 14）

由於阿盈與那些朋友關係親密，所以她很相信他們的回答是真誠的，朋友的説法比起工作員或他人所講的，讓她更容易接受。以往她即使被稱讚也無法相信，因為「文靜性格是不好的」這信念太牢固了，好像一面銅牆鐵壁，擋住了所有的稱讚聲音。因為這些行為實驗，阿盈長久以來對文靜性格的固有想法被動搖了。

表 14. 阿盈的行為驗證法工作紙

行為驗證法工作紙

1. 需要突破的心理盲點？

   內向文靜的性格是不好的。

2. 把問題重點具體化：

   （1）甚麼叫做：內向文靜的性格？

   例：在社交場合沒有話題。

   例：在社交場合不主動。

   （2）甚麼表達才是：好的性格？

   例：好像妹妹的外向主動。

   例：自然地跟朋友交談，有話題。

3. 實驗活動的內容（可行及盡可能達致正面效果）：

   （1）留意那些性格文靜的朋友如何與人交往相處，比較他們和自己與人交往情況有沒有分別，又他們的情緒有無被人際相處問題影響。

   （2）訪問文靜內向的朋友對個人性格的看法，看看他們是否也覺得自己性格很差。

4. 回顧經驗（與之前所想／理解是否有分別，分別在哪裡，對個人的成長有甚麼啟示）

   留意到性格文靜的朋友在與人相處時很自在，沒有不安與困擾，這種性格也不會妨礙其人際交往。自己與她們相處時也是感覺自在

的，並沒有因為對方的性格而出現任何不快或難受。

文靜的朋友完全不覺得自己的性格不好，甚至認為這樣的性格和別人相處是舒服的。阿盈發現原來其他人的觀點，與她的想法截然不同。原來內向文靜的性格沒有我想像那麼差。

6. 成效

行為驗證法是由案主親自去經驗與體會，比工作員的講解更有說服力，因此能更有效地協助案主突破思維框框。完成行為實驗後，阿盈對性格的看法雖然並未產生戲劇性的改變，或覺得自己的性格很好，但她不已再強烈地相信「文靜性格是不好的」，且對自己的批評大大減少了，也明白自己的性格並沒有想像中那麼差勁。而她也留意到自己與那些文靜的朋友相處時是舒服的，且能跟他們建立信任而親密的關係，這是她真實的體會。

本來阿盈很難識別及認同自身擁有的內在優勢，但在行為實驗後，她變得較容易接受自己的優勢，並進一步使用它們。行為實驗的結果使她接納自己的性格，因而改善了因自我否定所產生的負面情緒，在與人相處時較以前自在的多。少了情緒帶來的負面影響，她在工作上也更有效率。

過往她遇到任何事情都會直接怪罪自己，但現在她已能由自動化的極端自我批評，轉為對事件作出客觀而有彈性的看法。在工作上，她學會分辨清楚責任誰屬，不再把一切責任都攬上身。面對責罵自己的上司，她開始能看到他對每一個同事都態度一致，並非單單針對她，故此她終於明白並非自己個人能力不足，而是上司的脾氣本是如此。

以往她經常把自己和性格外向的妹妹比較，因此主觀而片面地認定妹妹的外向性格令一切都美好，自己內向就一切都差勁。當她思

維擴闊了，彈性大了，她才發覺在生活中妹妹也有難處，其實並沒有想像中的完美。她更加接納自己，對性格和事情的判斷也變得較為客觀，不會很快作出極端的結論。

在朋輩聚會時，阿盈也變得自在許多，即使她仍是人群中較為安靜的一位，但她不再感覺難受。以往她覺得自己奇怪，不接受自己與他人沒有話聊，後來這種感覺逐漸減弱了，她的自我形象也從怪人變為與常人無異的平凡人。在復元的路上，阿盈跨越了一大步。

7. 反思

行為驗證法的關鍵在於設計相應的實驗。在阿盈的個案中，工作員要找出她的信念十分容易，但花了較長時間去設計實驗內容。故此，在運用此工具時，工作員需要有創意性思維，針對不同案主的狀況去設計實驗。

案主的安全感與能力感也是需要考慮的因素。所設計的實驗需要讓案主感覺安全，才能鼓勵案主實踐，使實驗變得可行。以阿盈為例，如果實驗內的觀察及訪問對象由朋友轉變為同事或上司，以她的情況來看，想必難以進行，實驗結果對阿盈的影響亦會有很大差別。此外，實驗內容若是超出案主自覺的能力範圍，也較難推動他進行實驗。所以，工作員在設計行為實驗的內容時，必須考慮案主的安全感與能力，按情況規劃合適的實驗。

第八章

復元第六階段：
識別對於達成目標的
個人或環境障礙

　　第六階段是幫助案主留意推行任務或者策略過程中遇到的困難和阻礙，並與他一起探討克服障礙的方法。本章會用兩個案例介紹如何用創造新經驗及規條秤一秤兩個認知行為治療的技巧，來協助案主克服達成目標的障礙。

一、介入工具（一）：創造新經驗

1. 案主背景簡介

　　關於案主阿明的背景介紹，已在本書第五章（參見第74頁）部分詳述。

2. 復元第六階段情況

　　完成個人能力評估表後，阿明已能夠釐清自己復元目標的優先次序，而她首要的目標是改善自己的情緒。平時阿明的負面情緒主要是來自與同事的相處。在公司任職文員的阿明，一直覺得上司和資深同事對自己存有偏見，在工作安排上對她不公平。阿明深感不滿，但又害怕表達，認為即使表達意見，情況亦不會改變，所以她已習慣把不滿憋在心裡。這些不快的情緒不但影響到阿明的睡眠質素，更使她出現心翳的情況。

　　阿明在不同工作中均遇到類似的情況，她覺得同事、上司對她存有偏見、不懷好意，她曾因為與同事相處困難而選擇離職，但投身另一份工作時亦出現同樣的問題。工作員懷疑相對於每個同事都針對她，問題出在阿明自己的可能性更大。在第六階段之前，工作員用了認知行為治療工具身心思維自我分析，協助阿明識別到自己經常會陷入「猜度人意」的思想陷阱，原來的她在沒有任何客觀證據下認定上

司和同事存心針對她，深信不疑。認識了思想陷阱的概念之後，阿明對自己原來想法的真實性開始有點置疑。然而，她憶述的事件都已經過去，無法再去分辨那些人物所思所想是否正如阿明的猜想，類似的事件會繼續如此循環發生，繼續影響她的情緒，這成為阿明改善情緒的一大障礙。

鑑於類似的事件會在阿明工作中經常出現，為協助阿明除去達成其目標的障礙，工作員使用創造新經驗的技巧，鼓勵她在事件中採取新的應對方法，打破這惡性循環，並增加她在人際相處上的正面經驗。

3. 技巧理念與使用目標

當面對壓力時，人往往會按着一些慣常的思想來處理問題，這些思想及行為有時會帶來不良的經驗，而案主未必察覺這些不良經驗如何影響個人的情緒，以致情況不斷重複。

在一個固有系統中，若所有因素不變，事情就會一如以往地朝同一個方向發展。但是，若先由自己作出改變，而那些改變帶來不同結果，便可以從舊的框架中解脫出來。工作員所要做的，就是鼓勵案主作出改變，並幫助他們抓住那些正面的經驗，藉着這些經驗去打破以往的觀念。

認知行為介入理論着重行為驗證，使用此工具的目的是希望案主能撤除慣常的思想及行為模式來應對問題，藉此獲得新的體驗，避免再受過往不良經驗影響。同時，也肯定案主願意作出改變，以建立新的正面經驗幫助自己邁向復元。

4. 實際操作流程

第一步，要清楚了解案主的困難和障礙是甚麼，包括思想上及

行為上的障礙。第二步,針對案主的障礙設計一些生活行動,並推動他實踐,預期案主獲得一個新的正面經驗,以帶來其想法上的改變,得以克服困難。第三步,在案主實踐後,跟他探討和總結這新經驗中的體會及所發現的內在能力和外在資源,並且要不斷提醒案主把這些正面經驗與能力記錄下來,以便將來提醒自己。

創造新經驗和行為驗證法相同的地方,是兩者均為案主帶來新體會,以改變舊有的、構成障礙的想法。不同的是,行為驗證法基於案主既有的負面想法上,透過行動上的實驗,從中了解事情並不如他想象中的那麼負面,以此打破其牢固的負面想法,然後幫助他建立新的思維。而創造新經驗的重點是要確實創造一些新的活動,讓案主實踐後體會新的結果,從而改變既有想法。

5. 個案操作範例

在運用創造新經驗這技巧之前,工作員仔細了解了阿明以前於不同工作地方與不同上司、同事的溝通經驗,從不同事件中了解她的身體反應與情緒變化、行為反應,並記錄下來。然後鼓勵她在下類似事件發生時,自己作出不一樣的行動,再觀察事件的發展。

阿明的公司因一時缺少人手而增加了她的工作量,對此工作分配,阿明除了感覺吃力之外,內心亦感覺極為不平,一如以往,她相信上司又是存心針對她,而她同樣還是將不滿抑壓在心裡,不曾說出口。她害怕表達自己的意見,認為即使提出意見亦不會受理,不相信自己可以改變事情。這一次,工作員幫助阿明認知上述惡性循環後,鼓勵她作出新嘗試,請阿明試着將自己工作量過大的事向上司表達。

開始時,阿明沒有勇氣去試,覺得向上司提出要求太唐突,也害怕被拒絕。為使她有勇氣去嘗試,工作員跟她一起仔細地按她的公司處境設計了不同行動方案。最後阿明採納的方案是,趁上司在公司

時，在適當時機發訊息問他可否有空跟她談談，聆聽她的一點想法。阿明在工作員鼓勵下，終於實踐了這新嘗試，當她向上司發出訊息後，不久她收到回覆讓她去上司辦公室詳談。

　　阿明預計上司的反應會是漠視和不予理會，但實際情況是上司願意聽她表達，也表示理解她工作吃力，只因公司當前人手的確有限，只能請她先盡量應付，但答應她日後必會添加人手。上司和善的態度和回覆，跟阿明的預期相距甚遠，這讓她感到非常意外，對她來說，簡直是人生中一次十分新鮮的經歷。

　　這次新經驗後，工作員把握機會讓阿明分享所得，跟她分析當中的領會。原來事情不一定是她所想的那樣。讓案主明白在僵化思維模式的絕對性以外，還有例外的情況。而這個例外正是親身經驗過的，可以讓案主深刻體會事情並非如所想般絕對，可能會有例外。

　　最後，工作員協助阿明將這新經驗寫下來。因為人普遍都是善忘的，也很難一下子有百分百的轉變。寫下新經驗可讓她印象更深刻，日後遇到同類事件時，可以隨時回顧這個經驗，作為自我鼓勵與提醒。

6. 成效

　　創造新經驗後，阿明意識到自己的思維模式過於僵化，而且所猜想的與事實相違，所以日後當她將要跌入「猜度人意」的思想陷阱時，她會用這個新的經驗來提醒自己，並學會反問自己是不是想多了。她更進一步願意學習表達自己的想法及需要，不再讓自己停留在空想的困擾與埋怨的情緒中。

　　另一明顯成效表現在她的身體健康狀況上。以往阿明每有情緒困擾就會出現心翳的情況，每次心翳不適就依靠藥物舒緩，因而對藥物形成依賴。這次新經驗帶給她很大轉變，不但舒解了心結，更使她

心翳的情況不再出現，對藥物的依賴也因而消除。創造新經驗不單釋去她心理上的困擾，也消除了她的身體不適。

踏上復元之路，十分需要勇氣，因為需要作出改變，有改變才有新的結果，這是眾多復元人士的經驗之談。阿明這次的成功與收獲，全賴她願意嘗試新的行動，這勇氣和這新體驗，已成為她的一項新資源，給她力量繼續前進。

7. 反思

使用創造新經驗的困難，在於怎樣去推動案主做出新的嘗試。以本個案為例，其實阿明知道自己去猜度老闆怎麼想是很辛苦的，但是她的恐懼又是那麼真實。所以工作員必須仔細跟她一起設計可行的行動方案，考慮每一個細微的步驟。如工作員曾跟阿明一起評估在哪一個時候行動是最好的？討論過公司在甚麼時間比較清閒，不會打擾上司工作？甚麼地方較適合詳談？又考慮到若某些多事的同事在場，會讓事件變得複雜，也屬不合適的時機等細節。

另外，工作員確實需要細緻地為案主設想每一個步驟，按其實際處境設想應如何一步一步地進行。因為這些新的行動對他人來說或許容易，但對案主來說不是一項簡單的挑戰。工作員仔細地做事前計劃，可讓案主較有信心作出行動。過程中，工作員不忘給予案主大量鼓勵，與他一起預想事情發展的各種可能性，讓他作好心理準備，以此增添他的勇氣。

案主在改變的過程中即使未必得到正面結果，工作員亦應欣賞案主願意作出改變的動力，令案主重視自己的付出，改變大部分案主往往只注重結果的習慣。

二、介入工具（二）：規條秤一秤

1. 案主背景簡介

　　關於案主高太太的背景介紹，已在本書第三章（參見第 50 頁）部分詳述。

2. 復元第六階段情況

　　如前面所述，高太太對復元的期盼是脫離抑鬱的囚牢，也希望孩子不再受自己情緒影響，破壞親子關係，所以她為自己定立了提升情緒管理及管教技巧的復元目標。透過身心思維自我分析，高太太辨識出了自己引發負面情緒的反應模式，意識到自己容易跌進「大難臨頭」的思想陷阱中而情緒受困，並出現打罵孩子的行動。同時她學習運用五常法協助自己避免跌進思想陷阱和調節自己情緒，並運用本身擁有的正面管教技巧，和透過角色扮演來掌握有效的溝通技巧，以達成管理自己情緒的目標。

　　工作員與高太太多次的接觸後，留意到她多次提到「兒子不能達標」、「他達不到我的期望」，彷彿在她思維中有個牢固的規條及信念，認為「人一定要達到所訂立的目標」。因此工作員跟她一同詳細探索這些想法。在探索思維模式的過程中，工作員進一步了解了高太太的成長背景。

　　原來自小失去父母、缺乏社交支援的她，靠着獨立和堅強的性格面對人生中的各種挑戰。她自主能幹，向來都會為自己的生活訂下一個一個的目標，並奮力地朝着目標前行，這種生活模式漸漸成為她的人生信念與個人規條。這些沒有彈性的規條令她要求自己和兒子都要達標，以致很容易帶來情緒困擾，成為她學習情緒管理和改善管教技巧的障礙。因此，進入復元的第六階段，工作員協助她識別這障

礙,意識到自己的個人規條,並認識如何克服這障礙。

3. 技巧理念與使用目標

思想規條是個人對人和對事的想法及價值觀,也是個人對自己、別人的期望及見解,亦即用來量度自己及別人的「標準尺」。這些期望及標準都是由各種生活經驗累積而來。例如有些人的規條是:「盡責的父母,必須供養子女讀大學,否則便不是好父母」。這規條本身是很好的,可令父母努力盡責地供子女讀書,但當家庭經濟出了問題,即使環境如何惡劣,仍執着於這個想法,堅持要供子女讀大學,在做不到時會產生嚴重的內疚、挫敗感和情緒困擾,那就是僵化和缺乏彈性了。

規條秤一秤背後的理念,首先是協助案主辨識自己的個人規條,然後把「規條秤一秤」,即重新檢視這個人規條,是否已僵化?它是如何形成的?它給自己的情緒、人際關係、及其他方面帶來怎樣的影響?透過檢視從而提升案主調節個人規條的動力。

當案主認知到僵化的規條所帶來的負面影響,並且願意做出改變時,工作員會讓案主明白規條是自己訂出來的東西,因此改變的主動權也在自己。然後,便可與案主一起探討調整「個人規條」,增加規條的彈性,並給自己建構另一個富彈性、可因時制宜、更能有效發揮功能的新規條。

4. 實際操作流程

在每次面談中,工作員須敏銳留心案主言談中有沒有透露思想規條的跡象。在適當時間,工作員提示案主,讓他意識及覺察到這些規條,然後請案主做規條秤一秤和進行放寬規條的練習,步驟如下:

（1）邀請案主將已識別的個人規條寫下。

（2）請案主給條規的確信程度評分，1 分為最低的相信程度，5 分為最高的相信程度。

（3）分別列出這個規條給他帶來的所有好處 / 幫助、壞處 / 不良影響。

（4）請案主按每項好處及壞處的重要性給予評分，最高分為 100 分。

（5）將各項好處及壞處的分數加起來，列出總分。

（6）請案主對比兩項總分，並與工作員一同分析結果。若壞處的總分比好處的總分高，這反映這些規條對自己和別人造成的不良影響多於帶來的幫助，以此讓案主明白放寬規條的重要性，從而提升改變的動力。

（7）協助案主改寫或放寬個人規條。

（8）記下改寫後的規條，以及就新規條的相信程度評分。

（9）與案主一同檢視選擇新規條所帶來的好處與壞處，以便他們作出選擇。

最後工作員給案主「心戰口訣」的筆記，講解其中內容及引導他調整不合適的規條。之後，工作員再請案主選出一個合適自己的口訣，以作為自我提醒之用。

5. 個案操作範例

高太太與工作員分享親子相處經歷時，多次提及兒子須要達到她的標準。一旦兒子無法達標，她便會煩躁動怒，因為她覺得目標是務必要達成的，若是無法達到，便代表失敗。因此她對兒子要求甚高，必須認真地完成每個學習目標。顯然，高太太心中有「人一定要達到所訂立的目標，否則便是失敗」這規條，當工作員提出時，高太

太確認這是一向支撐她做人處事的信念。她會不斷為自己的生活訂下一個一個的目標，鞭策自己盡力去完成它們，她花了很多的力氣與時間去達成目標，無形中給自己帶來巨大的精神壓力。同樣，她將同一套價值觀與規條套在兒子的身上，於是也為兒子造成了很大的心理壓力。工作員於是邀請她做規條秤一秤的練習（表15）。

高太太對「人一定要達到所訂立的目標，否則便是失敗」這規條的相信程度，她給予最高的評分（5分），代表她對這規條深信不疑。

其後，工作員請高太太列出這規條給她帶來甚麼好處：（1）使她人生有動力；（2）不會浪費時間和生命；（3）能幫助自己實踐目標。另一方面，她也列出這規條帶給她的壞處：（1）令她精神壓力很大、很緊張；（2）花費大量時間去學習不同東西以達標；（3）睡眠質素差；（4）浪費金錢來學習不同東西，但所學的卻不一定有用。當她列出所有好處和壞處後，工作員請她給予評分，並列出總分。

從這個練習當中，高太太不但發現壞處的總分比好處的多，而且好處和壞處是互相矛盾的。雖說好處是不會浪費時間，但壞處卻是白花了些時間在學習上。高太太不想虛度光陰，做事分秒必爭。為了達到既定的目標，她要花費許多時間來學習不同課程，做完規條秤一秤的練習後，她發現自己用了大量時間，換來的不過是幾張薄薄的證書。她又發現這些規條帶來很多壞處，特別是影響她的精神健康、睡眠質素以及親子關係。有了這些新發現後，高太太意識到她需就此個人規條作些調節了。

個人規條是自己定的，高太太是這些規條的主人，可以繼續堅守不變，也可親自去改寫它。在與工作員一起做放寬規條的討論時，高太太決定把規條改為「只要努力嘗試和盡力而為便可以，不一定要達到目標」。完成規條改寫以後，工作員請高太太寫下她對新規條的相信程度，和它將會帶來的好處與壞處。她認為新規條最

明顯的好處是讓她自己的精神壓力得以舒緩，至於其壞處，她一點
都列不出來！

6. 成效

改寫規條後，高太太將之與五常法並用，她把新規條寫在情緒
聰明卡上，當管教子女時察覺到自己有身體反應（頭痛），她會暫離
現場去洗洗臉、飲杯水來冷靜情緒和分散注意力，並以此聰明卡來提
醒自己，只要努力嘗試和盡力而為便可以，不一定要達到目標。結
果，她的管教壓力明顯舒緩了，母子之間的摩擦也減少了。調整期望
後的高太太，不再如打仗般催逼兒子溫習，反而能夠發現孩子的努力
和進步；她亦能夠運用所學習到的管教和溝通技巧，會安排親子同樂
時間，帶孩子出外玩耍，就像高太太的母親在她兒時所做的一樣。親
子關係得到大大改善，兒子學習較以前開心，並會主動跟媽媽分享心
事和幫忙做家務。

十分吊詭的是，高太太放下達標的執着，她才可以達成情緒管
理和改善親子關係的目標，在復元之路上進了一大步。在她跨越思想
規條的障礙之後，工作員也留意到高太太有很多正面轉變，例如：她
懂得調節對兒子的期望，漸漸能接受兒子的限制，願意花時間和耐性
跟他溝通，給予兒子稱讚和肯定，嘗試發掘兒子的長處，提升他的能
力感、滿足感和自發性。工作員每當見她的正面轉變時，便即時給予
肯定和讚賞。由於她自小甚少獲得肯定和稱讚，初時對工作員的欣賞
表現平淡，後來她慢慢認同，臉上出現微笑和點頭來自我肯定。

表 15. 高太太的規條秤一秤工作紙

規條秤一秤

1. 個人規條:
我一定要達到我所定的目標。

你有幾相信?

相信　　　　　　　　　　非常相信

1　　　2　　　3　　　4　　　⑤

好處 / 幫助　　　　　　分數	壞處 / 不良影響　　　　　分數
(1) 有人生動力　　　　80 分	(1) 好大精神壓力,令自己好緊張
(2) 不會浪費時間及生命　50 分	和不輕鬆　　　　　　　90 分
(3) 能幫助自己去實踐目標 70 分	(2) 浪費大部分時間去達標　60 分
	(3) 令自己睡得差　　　　60 分
	(4) 浪費金錢　　　　　　60 分
共 200 分	共 270 分

2. 改寫 / 放寬後的規條:
只要努力嘗試和盡力而為便可以,不一定要立即達到目標。

你有幾相信?

相信　　　　　　　　　　非常相信

1　　　2　　　3　　　4　　　⑤

好處:	壞處:
精神壓力可以減輕	沒有

心戰口訣

要學習改變思想規條，我們便要重新學習，懂得如何戰勝心魔。以下有五項心戰口訣，教你如何放寬及改寫不恰當的思想規條。

〈心戰一〉「寬鬆一尺，開心一丈」

凡事都不能過於執着或堅持，因為期望與現實未必相符。另外，無法實踐或完成的期望，會使自己及身邊的人不高興和不滿。謹記：「退一步海闊天空」。同時，要問自己：「繼續執着下去，對自己及他人會有甚麼影響呢？」

〈心戰二〉「打破傳統，與時並進」

有些規條是我們在傳統文化潛移默化中因襲而來。一些僵化的文化觀念未必適用於現代社會。倘若我們堅持把傳統觀念套用在現實生活中，會給自己和別人製造很多矛盾及苦惱。

〈心戰三〉「善待自己，放輕責任」

有些人把某個規條看成為絕對的標準和責任，並認為倘若達不到標準或未能完成責任便視為能力出現問題，也斷定自己是徹底的失敗者。這樣的情況會為自己帶來很多壓力，並為實踐責任而疲於奔命，在無法達到標準時，更會為此而感到挫敗。

〈心戰四〉「善待他人，摒除成見」

有時候我們會不自覺地把自己的一些信念或價值判斷加諸別人，要求他人遵行我們認為是對的行為表現。一旦別人無法遵照我們的想法行事時，我們會感到不快及不滿對方的處事方式，這樣十分影響人際關係的建立。

〈心戰五〉「規條我定，修訂亦然」

相信規條是可以由自己修訂的，並非身不由己，規條也不是根深蒂固而牢不可破的。如果我們肯「選擇」用另一個角度去看這些規條，並加以放寬，我們和身邊的人都可能感到輕鬆一點。為何不嘗試去做呢？你願意「選擇」改寫你的規條嗎？

7. 反思

在面談期間工作員能敏銳留意到案主思想模式背後的個人規條，是十分關鍵的。因為一般來説，案主不會直接説出自己的規條。工作員須思維清晰，把認知治療的整個框架存於腦海中，聆聽時留心案主的思想陷阱及找出共同點。如案主表示「我不應求助」，可改為假設方式找出其中的規條：「如果我求助便是代表了我無能」。探索思想規條時，工作員也可提出假設的前半部分，然後引導案主講出完整的假設，如問：「若你有……的表現時，這代表了你是怎樣？」或向案主提問此想法對他的意義。

以高太太的個案為例，在面談中，工作員留意到高太太多次提到要求兒子必須聽話和達到她的要求和標準，後來又發現她也會不斷為自己定目標，且要求自己一定要達標。於是循此方向提問「若不能達標，代表了甚麼？」於是找出高太太「人一定要達到所訂立的目標，否則便是失敗」的規條。

另外須注意的是，在探索過程中工作員宜採取開放、接納、尊重和不批判的態度，也需要營造自由決定的環境，讓案主思考規條對自己的影響。工作員應強調思想規條不是錯與對的問題，其實個人規條可以用來規範自己的處事行為，作為價值取向的準則，故此，個人在生活中根本不能脱離規條，人對自己及別人有一些標準是理所當然的。問題只在於有時定了一些不合理的規條，或即使定了一些合理的規條，但過分執着遵從，不懂得彈性處理。調整合適的標準尺，讓量度自己及別人的時候更具良好的功能，才是重點。如此，就可避案主跌入自我批評中，影響優勢的視角。

在修正規條的部分，也須尊重案主的自主自決選擇是否調節個人規條，以及尊重案主運用他們認為合適的詞彙和語句來改寫，最後由案主自決是否放棄舊有的個人規條而接受改寫後的新規條。

第九章

復元第七階段：
持續檢討及回應

　　第七個階段是與案主作持續的檢討，及留意他在不同復元階段的回應，所以雖然在最後階段提說，但實在是在每一階段都須執行。目的是定期地讓案主不斷意識到自己復元的進程、所走過的路、作出的努力、對自己的發現、獲得的正面經驗、已達成的目標等，以肯定自己，為復元過程中的大小成果而喜悅，藉此為自己加油。以下會以安的案例介紹如何運用「舊我 / 新我」及「豬仔錢箱」兩個認知行為治療的技巧，來協助案主作持續檢討和回應。

一、介入工具（一）：舊我 / 新我

1. 案主背景簡介

　　關於案主安的背景，已在本書第二章（參見 39 頁）部分詳述。

2. 復元第七階段情況

　　安走過復元的前六個階段，生活已有很大改變：她對自己的思想模式與惡性循環有了深入認知，明白自己原來經常跌進「猜度人意」的思想陷阱中，容易猜想別人不喜歡她。安亦學會使用五常法來幫助自己及時逃離思想陷阱，避免鑽進負面情緒的漩渦，也學會為自己建立成功的經驗。她同時亦找到自己的內在資源、所處環境中的外在資源，以及可以怎樣使用資源以幫助自己復元。

　　在前面的各階段，工作員都持續跟安作檢討及了解她的回應，此舉不但可評估進度，更可緊貼案主對進行中的事情之感受和反應。安不想用以往的方式生活，過去彷彿找不到出路，現在找到了問題的根源，有了明確的方法作出改善，因此增加了改變的動力。安一方面為此而喜悅，這過程也讓她意識到自己的改變是因為自己的想法與過

往不同，另一方面，亦推動安繼續在其他部分上作出改變，例如她會嘗試與以往交惡的人修復關係等。

　　經歷過復元的各個階段，雖然案主的狀況有很大改善，但未來他們在生活中仍會遇到各種各樣的挑戰，令案主在沒有工作員陪伴時也能獨立地運用所學習的知識和技巧幫助及發展自己，繼續向自己夢想目標邁進，十分重要。來到第七階段，工作員着重協助安回顧過去各階段中自己的正面改變，並加以鞏固，以便更有信心和獨立地繼續復元之路。所用的工具包括舊我 / 新我及豬仔錢箱。

3. 技巧理念與使用目標

　　舊我 / 新我這認知行為治療的工具，主要目標是協助案主重溫在復元過程中的正面改變及成功經驗，以鞏固所學和對自己的肯定。案主透過對比以前及現在的自己，更清晰看到自己的各種轉變，使案主再次意識那些轉變，加深對自己正面的印象。另一方面，又借此工具，協助案主回顧那些轉變發生的軌跡。

4. 實際操作流程

　　舊我 / 新我的工作紙非常簡單，只須將「舊我」與「新我」分列兩欄，由工作員請案主分別填上以前和現在的自己是怎樣的，如個人特質、對事情的反應模式、情緒狀況、人際關係狀況等均可。然後請案主留意其中的對比，分享對自己轉變的感受，並回顧自己做了甚麼行動使那些改變發生的，讓案主肯定自己的能力，欣賞自己曾經作過的努力，同時提升和鞏固他對事情的掌控感。

　　除了呈現舊我和新我的轉變，工作員也會問案主對以前處理問題的方式有何感受、產生甚麼結果；現時處理問題的方式又帶給他甚麼感受與結果。除了描述兩種處理方式的不同，也會描述

不同方式帶來的結果是甚麼。如此的提問與描述，可使案主對兩者有更深刻的體會，從而推動案主維持復元的進展，不再回到往日的情況。

5. 個案操作範例

工作員請安在工作紙（工作紙 07）上描述自己在過往及如今的表現，包括處理困擾事件與負面情緒時的方式，而不同處理方式又帶來甚麼不同的結果。安的描述如下：

> 「舊我」：
>
> 我覺得以往的自己是傾向逃避，驚（害怕）處理問題，會常把責任推向別人，我會看到自己有很多缺乏，常感到無奈。我即使知道這種逃避的態度沒有益處，但仍繼續在這循環當中。我的處事方式，令我跟人常有衝突，常陷在負面情緒中。例如：我與職員在處理事情的方法不一，其實我可以表達自己的想法，但我怕說出意見的時候情緒爆發，同時擔心職員會給我負面的評價，常懷着戰戰兢兢的心態，感到壓力大便逃避，結果令我失去很多與人溝通的機會，別人亦無法明白我。
>
> 「新我」：
>
> 現在的我願意從其他人的角度看事物，變得勇敢及樂觀。例如：我會嘗試去修補關係，主動送禮物給曾與我交惡的人，藉此與他恢復溝通。我亦開始懂得欣賞自己的好處和擁有的事物，我的情緒有改善亦促使我更願意與人溝通。

案主於過程中向工作員反映過往甚少思考／欣賞自己的改變，因總覺得改變是困難的，很多時候會選擇逃避，但現在找到了問題的根

源，發現原來改變並非如想像般困難，結果亦不一定是負面的，加上身邊的人看到自己的改變會給予肯定及欣賞，令自己有更大的動力讓改變發生。

6. 成效

　　舊我／新我帶來的最大幫助是可以讓案主具體看見自己的改變。而當他們願意選擇以新我的方式走下去時，也可以看到預期的結果會是他們想要的，這就能給予他們動力去維持使用新方式、新思維去面對問題。整件事是很具體的，案主可以看見改變之後的結果和走舊路的結果，一目了然，有助他們將來為自己作出聰明的選擇。

　　完成舊我／新我，帶給安很大的滿足感與成功感，她當刻看見自己成功做到了一些殊不容易的改變，並且令她肯定自己擁有的能力，而這些能力是有證據支持的。她完成後欣賞表格內容，表現十分開心，看着關於新我的陳述，安驚嘆自己原來是可以做到的，感到自己的能力感大大提高。當安選擇以新的方法處事，結果是她預期得到的，她表示這也會讓她更有盼望，日後會堅持走新路。

　　在復元過程中，有時安亦會返回舊有的處事模式，質疑自己是否又在逃避，此時，工作員會提醒她復元的過程中有起伏是很自然的。在最近一次面談中，安因工作的緣故出現焦慮情緒，又在沒有理據的情況下猜度上司針對自己。這時工作員先暫停與安討論此事，並跟她回顧舊我／新我工作紙的內容，讓她再次檢視自己的改變。安意識到近日的自己又再陷入以往的惡性循環中，藉着回顧舊我／新我的內容，她提醒自己避免再次陷入舊我模式中。

7. 反思

　　與案主走到復元的最後階段，目的是希望案主日後即使在沒有

工作員提醒的情況下仍能持續做出改變，繼續以新我生活。因此與案主找出其改變的動機和改變對自己的意義是十分重要的，因為這些都是幫助案主形成新我的重要元素。對安來說，她改變的動機是不想再逃避，不想再重複以往的生活方式；改變對自己的意義是這些改變能幫助安改善情緒和與人際關係，邁向個人復元的目標——穩定的工作。因此工作員若能幫助案主明白改變的動機和意義，能有效鞏固案主改變的信心。

二、介入工具（二）：豬仔錢箱

1. 案主背景簡介

關於案主安的背景，已在本書第二章（參見第 39 頁）部分詳述。

2. 復元第七階段情況

案主安的復元階段情況，已在本章第一節（參見第 162 頁）部分詳述。

3. 技巧理念與使用目標

豬仔錢箱主要是用以幫助案主在實際生活中找到一些經歷，以證實和提醒自己確實具備許多能力。豬仔錢箱，顧名思義就是在整個復元輔導過程中不斷儲蓄一些東西，而儲蓄的就是案主一些正面的能力和經驗。在復元的最後階段，一次過取出錢箱的內容，使案主再重溫，以更深切的體會，並鞏固他對自己能力的確認。尋索正面經驗的方法很多：

（1）通過工作員跟案主進行人生大事回顧的活動（參見本書第

六章），讓案主回憶自幼至今在甚麼時候出現過正面的能力，以那些實在的經驗去支持確認自己能力的存在。

（2）在輔導過程中，工作員引導案主留意自己在日常生活各方面曾表現過的能力。以上方法尋索到的正面經驗證據，均可放進豬仔錢箱裡。

（3）工作員亦可以通過上文提及的行為驗證法或創造新經驗的方法，為案主創造一些新的正面經驗，這些成功經驗亦成為一些真憑實據，可放進豬仔錢箱裡。

4. 實際操作流程

豬仔錢箱的操作，是在輔導的過程中，工作員與案主共同準備一個豬仔錢箱，每當發現他的正面和成功經驗，立即用紙條記錄下來，放進豬仔錢箱中。在復元的最後階段跟案主作檢討時，便可以將豬仔錢箱中的紙條全部取出，讓案主一次過重溫自己能力的所在。

儲蓄及重溫案主的正面經驗，在復元模式下的認知行為介入中尤為重要，因為如果不刻意記錄這些正面經驗和能力，案主或工作員均可能在面談之後便遺忘了。尤其是案主，因為案主一般會習慣性地記住一些消極負面的經驗，正面經驗反而會被忽略。所以有這樣的記錄，即使之前談話的內容被遺忘，最後也可以取出記錄跟案主一起重溫。另一方面，當案主總是談及負面經驗或質疑自己的能力時，工作員亦可以拿出證據提醒案主自己已有的能力。

5. 個案操作範例

持續的儲蓄，最後安的豬仔錢箱清單上記錄了下列各項：

(1) 願意聆聽別人的意見。

　　例證：在工作中遇上困難，打算辭職，催主指出我若辭職只是逃避問題，建議我先放假休息，我接納催主的意見，繼續維持工作。

(2) 嘗試的勇氣。

　　例證：主動與交惡的舍友溝通，即使有擔心對方仍不理睬我。

(3) 有分析能力。

　　例證：我與社工一同回顧自己今昔的改變。面對生活中的困難，我會收集不同人的意見再加以分析。

(4) 合宜表達個人情緒，以表達自己的心情取代發脾氣。

　　例證：我跟舍友及宿舍的職員傾談，不會再指責他人及大力關門。

(5) 發揮自己的藝術天分。

　　例證：幫忙佈置宿舍環境。

(6) 有能力幫助自己平靜心情。

　　例證：情緒差的時候，我會在房間安靜，離開令我感到辛苦的環境一會，經常提醒自己不要口快過腦，先想後說。

(7) 願意從別人的立場出發。

　　例證：工作時要配合其他同事，要遷就對方，會考慮同事的需要，不會只覺得對方阻礙自己的工作。

(8) 樂觀感恩的心態，看自己擁有的多於缺乏。

　　例證：以往覺得住宿舍是無奈，但其實宿舍內有可以與我傾訴的職員及舍友，這些亦是令我開心的元素。

6. 成效

　　豬仔錢箱使安發覺自己原來有很多既有的但不被自己留意的優點，也總結了自己在復元歷程中的收穫。安表示將來會繼續儲蓄正面經驗，並選用豬仔錢箱內的能力，幫助及提醒自己持續作出改變。

7. 反思

　　豬仔錢箱可以配合舊我／新我一起做。在舊我／新我中，案主會提到覺得自己過去是一個甚麼樣的人，以及有甚麼證據表明自己是這樣的人。例如安提到過去的她是傾向逃避的人，以及支持這一點的事例，此處工作員可以助案主理解自己是如何建立自己傾向逃避這種看法的。在新我部分，會談到現在案主如何看自己，比如案主覺得現在的自己是一個勇敢及樂觀的人，工作員就會請案主列出證據說明為甚麼他是一個勇敢樂觀的人，此時豬仔錢箱中的證據就可以派上用場了。工作員可以使用這些證據讓案主看到勇敢及樂觀的人的表現事例是甚麼。又或者案主認為自己是一個細心的人，若豬仔錢箱中剛好已經有這樣的例子，就可以放在新我的證據欄中。

第十章

應用反思

　　患精神病對人實是一個重大的衝擊，因為精神病影響人生活的各方面。加上很多社會人士的偏見，可使患者對自己的身份認同（Identity）完全改變，對未來失去希望及期盼，彷彿人生失去了方向和目標，處於被捆綁的自我觀之中。我們十分欣賞復元概念，它提倡患者從被捆綁的自我中釋放出來，指出人雖然經歷精神病，但仍可不失去人生的勇氣和希望，將患病看為只是人生的其中一部分。患者可選擇以積極的態度，正確認知自己所患的疾病，自主地尋求適當的治療，管理好自己的生活模式與身心健康；並對自己存着不亢不卑的態度，了解自己的夢想和對將來的期盼，以此訂為努力的方向，設定目標和行動計劃；又懂得運用自己的內在優勢及可以協助自己達標的外在資源，一步一步地實現夢想，建立充實、有意義的生活，這便是復元之路。

　　復元之路，說起來容易，但真正實踐從被捆綁的自我觀轉化為被釋放的自我觀，一點都不簡單。復元是一個漫長的旅程，旅者需要有勇氣、堅忍、保持正面的思維、始終抱持希望、願意嘗試等，復元亦不是孤單作戰能成就的事，十分需要其他人的支持和引導，也需要有同路人的陪伴和鼓勵。個案社工能成為復元路上的伙伴，鼓勵、推動和引導復元人士，非常重要和有意義。因此，我們認為很值得思考如何將復元概念實踐於個案工作之中。在未有復元模式之前，我們單以認知行為治療介入，這次結合二者的嘗試帶來了很好的經驗，亦有不少反思，下面是我們的分享。

一、經驗與反思

1. 復元模式與認知治療的配合

　　復元模式以優勢角度出發，強調復元人士的本身優點和外在資源，引導他們以此角度看自己，不會討論問題解決，認知治療是較針對案主的問題，協助修復案主因精神健康問題帶來的缺損（Deficit）。將復元模式與認知治療結合應用，二者如何能夠並存？我們漸漸領悟到二者結合使用時，仍以復元模式為主體角度，也以復元導向為首先介入點。從開始了解案主背景資料時，工作員已須打開優勢的視角，並運用評估工具，從接觸中引導案主發現，詳細地了解自己在不同範疇的優勢和資源，同時探索自己的夢想，從而按自己想要的將來定出目標。

　　在不同個案中，我們發現案主在致力邁向目標時，自己的情緒管理問題是一大障礙。這問題十分影響案主的工作、家庭及人際關係等人生重要範疇，此時，認知治療便可派上用場了。另一方面，有些案主為自己訂立的復元目標，未必能針對自己問題的根本，如前文提到的案主阿盈，她最初的復元目標是：改變自己內向文靜的性格。因為她過去的經歷使她相信文靜的性格不好，自己所有問題都因這性格而來。她明顯有不少思維及歸因方式上的謬誤，所以為自己訂立這樣的目標。遇到這種情況，認知治療可以協助案主了解自我及明白自己的問題根源，然後才訂立更適合的復元目標。在結合復元模式與認知治療時，須以復元的角度為主體，才不失優勢視角的好處，在個案需要面對其具體的問題時，認知治療是非常好用的工具。

2. 優勢視角的內化

　　以復元和優勢視角的個案工作，對我們來說是較新的方向，雖

然接受社工訓練時也有聽説要重視案主的長處，但僅流於指出案主的優點讓其感覺好過一點的技倆，未必能真正使案主認可自己的優勢。在復元模式個案工作中，整個過程均持續優勢導向，「問題」只是案主邁向自己目標的一個障礙。工作員態度必須十分正面，努力學習把優勢視角內化成為自己的一部分，輔助過程中不斷着意從案主過往和現在的經驗中，讓他們發現自己的正面質素、能力、興趣、特質等，並加以認可。每次面談，工作員着意助案主增加正面經驗，這無疑是以正面角度讓案主發現、認可自我獨特性的過程，能有效地使案主感覺受重視，體現復元模式中重視個人獨特性的原則。

3. 鼓勵自主自決

　　實踐認知行為治療時，一般工作員都主導性較強，教育引導案主有問題之處和指出問題解決方案。但復元概念下，工作員必須適度地退後，只扮演伙伴的角色，給案主提供足夠的知識和資訊，適度地給予意見以作參考。讓案主選擇，以鼓勵他成為自己復元之路的主人，復元過程必須是案主自己主導的，這樣才能真正得到轉變。這一要點確實挑戰了工作員的過往習慣，工作員很容易回到專注於問題上，於是給了案主「我有問題」的感覺，認知治療工作員是主導，案主成為被動的受助者，這樣的定位與復元模式不符。

　　參與此計劃的工作員在輔助過程中，很多時候會協助案主辨識自己的思想陷阱。我們會擔心此舉會否使案主否定自己，感覺自己有問題，特別是對自信心較弱的案主。我們會更有意識地留心自己的用語和態度，這是因為工作員知道自己必須維持優勢視角，這種自覺使我們多用引導案主自己發現及了解，少用教導、指正的方式。因此，在結合應用復元模式和認知治療時，工作員必須經常察覺自己的慣性和表達方式，才可運用得當。這一點我們在本計劃期間不能算是已經

掌握得很好，仍須繼續努力。

4. 在尊重案主意願上的掙扎

復元模式強調案主的自主，工作員只是擔當同行者的角色。所以在協助案主訂立目標時，工作員須十分尊重案主的意願。我們於個案中實踐這一點，並不那麼容易。

在此計劃中有一位年青的案主，我們印象最為深刻。他的夢想非常明確，就是當歌星，且非常堅持，意願強烈。從表面看，感覺他一直在以此夢想逃避就業。因他沒動力找工作，倒每天花很多時間練習唱歌，他的父母顯得萬分擔心。負責該個案的工作員坦率承認，第一次聽到案主想當歌星，都要按住自己的愕然，畢竟在外型及其他條件方面案主與歌星相距很遠，因此感到他的夢想有點不切實際。另一方面，我們亦會體諒其父母的憂慮。究竟應該跟隨案主的願望，還是要令他面對現實？最後，我們選擇了前者。

另一個相似的例子，是一位年青的女案主，她熱愛角色扮演（Cosplay），樂意用很長時間來研究如何為角色配搭衣飾，怎樣模仿角色人物會比較神似等。因此，她訂立的目標是，希望能成功扮演一位喜愛的動漫人物。負責該個案的工作員當時十分置疑這應否成為工作員與案主共同訂立的目標？站在社工的立場，這目標可說是離地、脫離社會主流，復元不是應該以找工作、重投社區活動為先嗎？後來工作員反思，自己這些想法其實帶有批判性（judgmental），工作員察覺到自己的價值觀有機會阻礙案主達成目標，同時未能發現案主的優勢，也不能令案主意識和肯定自身的強項。工作員重新理解何為從案主出發（start where the client is），最終引用復元模式當中自主自決的工作原則，由案主對角色扮演的興趣出發，透過其興趣探索她的特質，啟發案主相信自己，肯定自己的內在價值。後來，工作員跟她

較深入探討 cosplay 時，發現了她更多優勢。原來她平日外出不多，但會跟其他國家喜愛 cosplay 的朋友交流，有一次更帶外地的朋友遊覽香港。細問之下，工作員也發現她熱愛日本文化的背後，是喜愛清潔乾淨、有禮貌的特質。Cosplay 不單是一項興趣，更能讓工作員了解她的價值觀，她理解事物的角度和看法。當工作員了解到她對日本文化的鍾情後，工作員邀請她參加中心的日文班。她在日文班建立社交圈子，認識同齡的朋友。她逐漸對自己增加了信心，最後，成功找到了一份全職工作。

又有另一案主起初的目標是找工作，但在邁向目標的過程中她多次逃避，嘗試過工作但很快便放棄了。最後她告訴工作員自己滿意現狀，經濟上可依賴丈夫，而應付工作壓力對她來說太難了，所以選擇不作任何改變。工作員經多番鼓勵仍然無效。還有一位案主的目標是擴闊社交生活，她是有些進步的，如：多了跟同事接觸和一起午膳，至於再進一步的參與社交活動，她就拒絕再進，覺得這樣已經足夠了。以上兩個個案，工作員後是選擇尊重她們的決定，放下自己認為的較好。

5. 訂立目標的智慧

上列案例讓工作員為陪伴復元人士訂立目標增加了不少啟發。第一，當案主的夢想不切實際時，工作員是否只尊重其主觀意願而不作任何介入？當工作員更多了解上述第一位青年案主及其家庭之後，知道案主成為歌星的夢想某程度與其病情有關，加上父母向來對他過於保護和遷就，也令他沒有信心和動力邁向成人階段。在此計劃期間，案主曾因父親病重而自發嘗試找工作，可是當父親病情好轉，他又繼續全部時間練歌的生活。了解全局後，工作員先理解他害怕成長的心情，引導他明白自己的復元方向是慢慢建立獨立的信心和能力，

而不須繼續逃避現實；另一個介入點，是協助其父母學習有助兒子成長的溝通及相處方式，取得他們的配合。

第二，工作員在聆聽每位案主提出的夢想或願望時，不要單單止於聽到表面，而須進一步了解其願望背後的意義。夢想做歌星的年青人，也有些想法是希望藉着歌聲去感染他人，為他人帶來鼓舞。這與他喜歡的漫畫訊息配合，他歌星夢想的背後也可能是希望自己成為一位成功、有用的人，得到父母和他人的認可，只是這夢想在現實生活中很難實現。案主希望找到工作，是代表她想自己成為有用的人，只是對自己應付工作不夠信心。另一位案主的夢想是上樓（即成功申請恩恤徙置），原來她是希望自己將來有穩定的生活居所，因她過去缺乏穩定的生活……深入了解案主的夢想後，案主會深感被理解，工作員也可協助他們發現還有很多不同的方法助其達致心願，所謂條條大路通羅馬，路並非只有一條，案主的希望感亦會大增。

6. 復元概念與認知治療的共通之處

復元概念下，復元的歷程可以説是一個自我發現的旅程，而且是在案主很有意識下進行的。在復元過程中，會清楚認識自己的病徵，有意識地管理自己的身心狀態，以預防復發；抱着希望和勇氣，有意識地做新嘗試以突破自我；探索自己的期盼與願望後，有意識地做計劃以逐步達致；有意識地與人建立關係，以支持自己邁向復元。整個過程都是在自主之下進行。而認知治療的特點也是強調工作員引導案主自我發現（Guided discovery），協助案主認知自己的所思所想，察覺自己思想、情緒、行為之間的互動和影響，為自己度身訂造五常法等。當案主有了正面的改變，工作員會幫助案主清楚意識到自己的改變如何發生，及自己是怎樣取得成功，以此助案主鞏固所學，這些自我覺察和意識的提升，跟復元是相當配合的。

二、總結

在未認識復元模式之前，我們都是運用不同心理治療學派的理論，以一般的個案和個別輔導工作方法協助精神康復者復元，認知行為治療是其中的一個學派。一般的個案工作會十分注重詳細搜集案主的家庭背景、過往經歷的資料，經過工作員的評估，理出問題形成的遠因（Predisposing factors）、近因（Precipitating factors）、維持因素（Perpetuating factors）、保護因素（Protective factors）等。個案概念化後，工作員便能對案主這個人及其發展到現在困境之過程，有一個全面和立體的了解，於是便可以勾劃治療的方向，決定介入方法。這種整全的評估過程的好處是，使案主和工作員能準確地針對問題根源，集中處理，以產生較長遠的果效；同時不會因案主每次帶來的不同問題事件，令工作員分散注意，失去方向。

這種個案概念化的過程在復元輔導中沒有強調。復元模式的介入不會一開始便由問題談起，其入手點是與案主一起探索其優勢及願望，工作員輔助案主發現其內在及外在的資源後，會協助案主根據自己的願望，設定目標和行動計劃，並開始推動案主實行。如此，復元模式的介入是否不須作個案概念化的程序？如果不須，會否失去以往個案輔導方式的好處？在嘗試結合復元模式和傳統的認知治療時，又怎樣可以同時獲得兩者的好處？這些都是很值得深思和探討的問題。

在我們現時結合復元模式和傳統認知治療應用有限的經驗中，我們留意到當案主在實行計劃中遇到某些障礙，工作員感覺可能與案主背景有關，此時工作員便須進一步與案主探討其背景及過往經歷，以詳細了解其中原因。即使以復元模式入手的個案工作，都不應忽略個案概念化的藍圖，以指引工作員對案主及其困難有一個整全的了解，只有這樣才能引導案主訂立一個既合乎自我願望亦針對個人問題

根源的目標，以獲得長遠的益處。

對復元人士來說，精神病確實帶來一定負面的情緒、負面的經驗和缺損，受困於被捆綁的自我之中。傳統的認知治療容易使案主及工作員多注目於問題及個人的軟弱之處，工作員的主導角色亦容易間接帶來案主的依賴和無能感。若結合復元模式，就給工作員提供了一個很好的框架，不斷提醒工作員留意案主的強處，以積極、正面的態度去發現和提升案主的能力感，引導案主望向將來，且現在開始利用所有內在及外在的資源向自己的夢想進發，而不是永遠停留在過去及解決沒完沒了的問題。工作員刻意不再主導，就能有效地發展案主的自主、自決和自發性。因此可以說復元模式的優點，可讓工作員把認知治療應用得更為有效。二者的結合，一方面不失正面及優勢視角看案主，也不會忽略整全的角度了解問題帶給人的障礙，以引導案主針對性地擺脫捆綁，進一步可發展自己。

三、參與本計劃同工的個人分享

蕭藹盈

還記得當初聽到有個結合認知治療與復元概念的學習小組的時候，心裡非常好奇，也感覺有點疑惑，怎樣可以把一個一個問題導向的治療法與希望優勢導向的復元理念融合呢？我就抱着這份好奇以及期待進入小組。經過一年多的學習討論，我覺得這個融合原來是可行的！兩者是可以彼此配合的！

復元導向的個案輔導讓我更注視個案的目標和渴望，而不是他的不足，讓案主主導自己的復元方向和過程，不再是解決問題，而是發展案主的渴望。認知治療則提供了方法和技巧，一方面幫助我

理解案主，導引案主發現認識自己更多，另一方面也具體提供了各種工具技巧，協助案主克服在邁向目標時候遇上的困難和挑戰。

總結整個經驗，有兩點我覺得是非常重要，也要經常提醒自己：

第一、每次面談都盡量發掘案主的資源和做到的，向前進了的行動、突破了的慣性，改變了的思維模式等。然後不斷的運用認知治療的技巧，協助案主實實在在的看見他的小成功，並看見這些小成功如何幫助他邁向他的目標。

第二、過程中如果出現問題，要記得那些不是問題，而是障礙和挑戰。我要做的是尋找方法，利用認知治療的技巧協助案主挪移或跨越障礙，讓案主建立新的經驗，新的行為及思維模式，繼續邁向他的目標。

周俊詩

在應用復元及優勢角度和認知治療理論於個案工作中，對我來說最開心是可與案主一同發掘他們的優勢，面談時不用只是談個案的問題／困難。記得在處理一些個案的時候，自己一直覺得認知治療理論很適合應用在他的情況之上，但案主不願配合，常以應付式的態度來回應我的提問，案主亦不享受與我面談的過程。但當以優勢角度出發，讓案主多談他們喜歡和擅長的事時，便可談上一兩個小時，令面談的過程變得有趣，彼此也能享受過程。對案主來說，他們可能一直有期望工作員幫他改善問題的心態，但未曾想過可利用自己的優勢或資源幫助自己。所以跟他們談自己的優勢，不只是為了與案主建立關係，不只是想令過程開心，而是讓案主和工作員也有機會洞悉案主應如何擅用個人的優勢。

梁詠瑤

過去一年多，以復元模式結合認知行為治療介入，讓我更具體掌握復元模式的應用。在介入的過程中，令我印象最深刻和深具學習價值的是與案主訂立目標的過程。

我接觸的個案中有一位案主的目標是，希望能成功扮演一位她喜愛的動漫人物。在我與她制訂目標的過程中，我反思這「離地」的目標，能否成為工作員與案主共同訂立的目標？然而，後來我發現自己對此案主帶有批判性，結果是以自己的判斷決定案主的跟進方向。這提醒工作員要察覺自己的價值判斷有機會阻礙案主達成目標，同時未能發現案主的優勢，無法令案主意識和肯定自身的強項。我重新理解何為「從案主出發」(start where the client is)，引用復元模式當中以自主自決的工作原則，由案主對角色扮演的興趣出發，透過其興趣探索她的特質，介入角度的轉變，啟發案主相信自己，肯定其內在價值。

王樂欣

機構開展今次的督導小組，是我第一次認真學習認知行為治療法。開始之先，我確實帶着極大的疑惑和好奇心，去摸索兩套似乎導向大相逕庭的理論（問題為本而有具體工具的認知行為治療，與優勢為本但又流於概念化的復元概念）如何融合。

透過學習，我不斷反覆運用身心思維分析表幫助案主理解自己的不同狀態和不良反應，這份的覺察原來有助他們對以往快如風的反應多了一份理解，以致自我接納和慢慢作出改變。

而在過程中，復元的導向幫助我多用優勢的角度去認識接受服務的朋友，當他們能擁抱個人優勢時，我感受到他們對自我多了一份肯定，生命裡多了一份力量去面對眼前的挑戰。

我十分感謝阿盈在今次的個案工作裡的主動想改變的動機和信任。她一直都是一個乖乖女，但在成長過程中，不斷被比較和自我比較。在整個跟進過程中，我看到她的盡責、認真和乖巧性格背後的美好。然而，要讓接受服務的朋友擁抱個人優勢並不容易，這也是香港文化特色吧。因此，在個案跟進中也曾有裹足不前的膠着狀況，因為社工總讓人覺得是正面的眼鏡去看所有人，單靠社工的回應實難以令她體會自己的優勢和資源。而行為實驗的框架就幫助我們去發掘其他經驗去讓她探知自己信念的真偽。

優勢的角度慢慢幫助她重拾力量，而認知行為治療則讓她能在快速的自動化想法裡慢下來，兩套理論的結合原來就帶着這化學作用，讓她有力掌握自己的狀況和逐步作出轉變。看見她的轉變，也令我確信「人內在有很多優勢與資源，如果他能真心體會自己這份內在的美，就能更有力將阻礙自己成長的障礙慢慢移開」。

李靄霖

曾聽過一位案主向我傾訴，「一個正常人很難在香港生活」，我們很多時候都被現實生活捆綁着，隨便想想都有千萬種事情壓得我們喘不過氣來。但受精神健康問題困擾的朋友更多是自我捆綁，當時的他們可能缺乏人生目標與方向，遠離朋友圈及家人，自我形象低落，日子十分難過。復元導向的認知行為介入法卻為工作員提供了一個明確的方向，在復元模式下運用認知行為治療的工具協助案主復元，兩者結合時事半功倍，令復元人士可以釋放自我及一步步邁向有目標及意義的生活。

黃健嫻

在整合復元模式與認知行為治療的學習過程中，起初我在整合

兩套輔導進路不同的模式時感到有點困惑，因為以往所學習的認知治療模式是傾向問題主導，先協助案主認識困擾事件中所出現的負面思想如何影響其情緒、身體和行為反應，協助他們察覺問題出現的慣常模式和惡性循環，透過運用認知行為治療的輔導技巧來協助她處理負面思想和情緒困擾，打破這些惡性循環。

而復元模式卻不是針對案主的問題困擾作介入，而是給予案主在生活不同範疇中很多自主自決的機會，給予尊重和接納，協助他們找出個人志向，與案主一同探索和制定最具意義的渴望和輔導目標。在輔導過程中，工作員不斷協助案主發掘個人優勢和內外資源，以達至輔導目標。

看似兩套進路不同的輔導模式，如何作出整合呢？後來，我慢慢整合到每個人的生命中總有些渴望或夢想，這樣可以成為一份盼望和推動力，來帶動康復者去走屬於自己的復元之路。在達成這些目標的過程中，若能識別到一些達成目標的障礙物，工作員可以按案主的不同需求，運用不同的輔導工具（例如：認知行為治療或其他合適的輔導工具）來協助案主除去這些障礙物，並打破這些惡性循環。與此同時，工作員不斷探索案主所擁有的個人內外資源和優勢，協助他們建立成功新經驗，過程中不斷給予肯定和鼓勵，讓這些正面的成功經驗進一步幫助案主向目標邁前，並慢慢建立具影響力的良性循環，幫助他們走復元之路。

張曦

作為年資尚淺的工作員，需要同時間學習兩個全新的模式倍感吃力。初期發覺兩個模式的視角好像有點矛盾，一方面強調正面的優勢，另一方面則好像着重負面的事件，令我質疑兩者是否能結合使用。與此同時，在跟進每個個案期間，並非所有個案均能應用復

元及認知行為治療，還需要視乎案主的特性。如遇到部分案主「諗頭好大」便需要與他訂立實際目標，而部分案主若經常只看到自己的問題，工作員則可運用較多復元導向模式，與他探討對將來的期望。

在繁重的工作量下，需要整合不斷發展新的工作模式或手法實在不易。在過程中，聽到不少案例分享及討論，令自己對精神健康服務有更深刻的反思：需要更抱有復元導向的價值觀，更着意去病化，更鼓勵案主不要只着眼病人的角色，以發展個人生命及應對當中的困難。

第十一章

研究結果及成效

一、引言

個人復元是一個關於個人成長、治癒及自決的持續性過程（Slade, 2009）。根據美國精神病學協會（APA）所述，復元的概念強調一個人有能力對將來抱持希望、進而走向有意義的人生。因此治療應着重發展人生目標及抱負（APA, 2005）。大體來説，復元過程包含五個元素：連繫、希望與樂觀、自我身份、意義與目的及充權（Leamy et al., 2011）。

在精神健康照顧系統中，優勢模式的個案管理是十個有實證支持為有效的復元導向治療之一（Slade et al., 2014），其目標是協助有精神健康問題的人透過識別、獲得和維持一系列個人與環境的資源來達成自己所訂的目標，使他能夠在社區中獨立生活（Rapp & Goscha, 2012）。復元導向的實踐應該以個人為中心。然而，香港在復元導向的發展及實踐上仍處於起步階段；而且當中仍缺乏一套行之有效、具實證支持的應對策略為香港以至其他地方的精神健康問題人士進行復元過程（Tse, Siu & Kan, 2013）。

二、文獻回顧

嚴重精神病的定義在文獻中具有三個準則：1. 精神病學的診斷；2. 功能缺損及；3. 疾病的持續時間（Hansson, 2006）。許多患病了一段時間的精神病患者都有形形色色的需求，需要不同程度的治療。個案管理為主要的社區照顧模式，能夠針對慢性及反覆的疾病如精神病等提供持續性、穩定和及時的服務。個案管理的形式很廣泛，從服務轉介以至心理治療的模式都有。從復元導向的角度來看，個案工作

員的工作目標是支援個人建立並維持一個具意義和滿足感的自我身份，無論此人的病徵是否仍然持續出現，個案工作員的工作仍會繼續下去。因此，復元導向的治療標示着原本只着重治療精神病症，轉化為涵蓋個人優勢的全人健康療法。

復元導向的個案管理（ROCM）是一個體現上述理念的模式，其核心的信念包括：1. 提倡希望的文化；2. 促進個人自主、自決及自理；3. 着重優勢；4. 尋求意義；5. 透過設定目標和願望，肯定自我身份（Department of Health, State of Victoria, 2011）。

復元導向的個案管理有七個階段的治療過程：1. 注入希望及改變動機；2. 識別需要；3. 建立目標；4. 探索內在及外在資源；5. 設定任務、策略及計劃以達成目標；6. 識別達成目標的個人及環境障礙；7. 持續的檢討及回應。然而，關於應用這個復元導向的模式和其他模式，在可見的文獻上卻缺乏實證而有效的一套臨床技巧，因此現時需要識別、發展和試驗一套具操作性的復元導向個案管理模型。

浸信會愛羣社會服務處與本臨床研究團隊在 2014 年開始有系統性的將復元導向的個案管理（ROCM）中的復元模式及認知行為治療（Cognitive Behavioral Therapy）技巧結合起來，以便能幫助嚴重精神病患者的做出改變。理論上，我們仍是採用復元模式的框架，融入認知行為治療不同的技巧，並在不同的復元階段應用。

認知行為治療過往已成功幫助嚴重精神病患者。例如一個由 Turington et al.（2014）進行的研究是將認知行為治療技巧作為研究框架應用於精神分裂症人士的身上，研究結果顯示受助者在抑鬱、陰性病徵，以至整體精神病徵都有中度至高度的改善。不過，復元導向的認知行為治療卻鮮有實證。另外，Hodgekins and Fowler（2010）所做的隨機對照試驗（randomized controlled trial）中，發現認知行為治療在改善精神分裂症患者對自我及他人的正面信念和減低其無望

感方面產生顯著的效果。不過,認知行為介入法應用於復元的概念中卻鮮有實證,而是次的研究可說是一個嶄新的嘗試。

香港有關精神健康的醫療服務提供者及社區服務機構已逐漸轉向採用復元導向的治療,然而「復元」二字在不同文化中有不同的演繹,因而必須以文化的角度理解(Tse et al., 2012; Tse et al., 2013)。很多服務機構已採用復元導向的個案管理模式處理嚴重精神病患者,但在香港應用該復元模式時,最少有兩個值得關注的問題。首先,現時仍未有一個清晰而具體有關特定技巧的本土化復元模式;第二,現時仍未有任何臨床數據證明復元導向的模式用於香港具有正面的影響。本研究計劃因而嘗試填補這個空白。

三、研究目標

本研究的目標是:1. 透過進行復元為本的認知行為介入法,促進浸信會愛羣社會服務處患嚴重精神病之服務使用者的精神健康、希望感、賦權感,從而提升其生活質素;2. 搜集該療法有效協助嚴重精神病患者的臨床實證,以作研究之用。本研究有一個主要的假設:對比於本研究用作對比的對照組,實驗組在研究前及治療後的自我評估中,無論在生活質素、希望感,抑或精神健康方面都有所改善。

四、研究方法

1. 樣本大小

本研究有九位社工參與,他們各自招募三對作為實驗及與之對

照的研究對象，參與整個招募、評估及治療過程，同時也接受研究負責人每月一次的督導。最後實驗組有 27 人，對照組有 25 人。

2. 參與者

研究對象之甄選條件包括：（1）年齡為 18-60 歲；（2）被診斷為患有嚴重精神病，包括抑鬱症、鬱躁病、精神分裂症及強迫症；（3）最近成為浸信會愛羣社會服務處之精神健康綜合服務（0-6 個月）的服務使用者；（4）招募時精神狀況穩定；（5）能夠以清晰的意識完成問卷。配對入對照組的條件：（1）性別相同；（2）年齡相近（+/-）5 年；（3）診斷相同；（4）患病年期相近（+/-）5 年。

3. 程序

本研究的倫理審批由城市大學的人民研究倫理審批委員會批核。每個合資格的參與者會由相關社工個別地介紹研究詳情，在取得參與者的同意後，實驗組的參與者會接受復元導向的認知行為治療，而對照組的參與者則接受沒有該治療的一般輔導，所有參加者均獲派一套自評問卷，包括基本個人資料及研究結果之評估。社工分三個時段收集問卷，包括治療前、治療 6 個月後及治療 12 個月後。

4. 實施忠誠度

所有參與之社工皆為認可之註冊社工，擁有最少 3 年服務這類服務對象的經驗。整個治療過程均由認可之認知行為治療師提供每月一次的臨床督導。

5. 研究工具

（1）精神健康復元量表 Mental Health Recovery Measure
（MHRM）（Young & Bullock, 2005）

精神健康復元量表（MHRM）是一個自陳式的工具，目的是整全地評估嚴重精神病患者的復元過程。這份測量表由 30 個項目組成。每個項目以 4 點的利克特尺度（Likert scale）顯示答卷者對問題的同意程度，由 0 分（代表非常不同意）至 4 分（代表非常同意）。這份測量表評估七個範疇，包括：克服困境（overcoming stuckness）、自我充權（self-empowerment）、學習與自我之重新界定（learning & self-redefinition）、基本功能（basic functioning）、整體身心健康（overall well-being）、尋求新潛能（finding new potentials）、及倡導／改進（advocacy/ enrichment），每一個範疇含 4 條題目，得分愈高表示復元得愈好。這份測量表的中文版已由本書的主編及其研究團隊翻譯及檢驗功效，並應用於以前的研究（Ye, Pan, Wong & Bola, 2013），這份測量表能達到甚高的內部一致度（internal consistency）。（前測 =.91，後測 =.96，跟進 =.93）

（2）復元自評表（更新）Recovery Self-Assessment Revised
（RSA-R）（Campbell-Orde, Chamberin, Carpenter, & Leff, 2005）

復元自評表（更新）（RSA-R）用作評估精神健康服務有關復元導向服務的實施情況。這個自評表由 32 個項目組成，而評估的範疇包括人生目標（life goals）、參與（involvement）、治療選擇的多樣性（diversity of treatment options）、選擇（choices）及個別定制服務（individually-tailored services）。每個項目以 5 點利克特尺度評分，由 1 分（代表非常不同意）至 5 分（代表非常同意），每項均設

有「不適用」的選項。總分愈高表示提供愈多復元導向的服務。這份自評表的中文版已被本書的主編及其研究團隊翻譯及驗證功效，並應用於以前的研究（Ye, et al., 2013）。這份自評表能達到甚高的內部一致度（internal consistency）。（前測 =.93，後測 =.70，跟進 =.88）

（3）希望感量表 Trait Hop Scale（Snyder, Harris, et al., 1991）

這份測量表為年齡在 16 或以上人士而設計，由 12 條題目組成，8 題索取填表者的希望水平，其餘 4 題為混淆注意的題目，不須計分。4 題量度路徑思考，4 題量度效能思考，填表者以分數代表各題目有多大程度能形容自己，1 分 = 肯定是錯，8 分 = 肯定是對。路徑思考及功效思考的分數加起來得出希望總分，得分愈高表示抱持希望的思想愈高。這份測量表均有合適的內部信度（internal reliability）及時間信度（temporal reliability），這份測量表被翻譯成中文，其中文版的克隆巴赫係數（Cronbach's alpha）為 0.85（Ho et al., 2010），內部一致性（internal consistency）也甚高（前測 =.87，後測 =.89，跟進 =.84）。

五、統計分析

數據分析是以意向治療分析（intention-to-treat）為主，並利用「最後觀察結轉」（last observation carried forward）方式處理每個缺漏了數據的結果。實驗組和對照組的每一個統計變數，均以卡方分析檢驗其中的絕對變數，並利用變量分析（ANOVAs）檢驗其中的連續變數。由於有些參與者超出符合匹配的範疇，參與者的診斷年齡和年

份會視為共變項。在測試前及測試後會進行了一系列 2×3 混合設計的變量分析（ANOVAs），以檢查時間及組別對測量結果的主要效果及交互作用。

六、研究結果

在實驗組中，大部分人（約 96%）為女性，平均年齡為 39.11 歲（SD=12.83）。約 59% 參加者是單身，33% 教育程度是大專或以上。大多參與者（約 41%）待業。患抑鬱症及精神分裂症的人數相同，平均患病年數為 9.65 年。大部分在過去 6 個月沒有住過院，有接受覆診及有穩定服藥（表格 I）。

在對照組方面，大部分參加者（約 88%）為女性，平均年齡為 40.36 歲（SD=11.19），60% 為單身，36% 教育程度是大專或以上。全職工作及待業的人數相同。當中的參與者主要是患抑鬱症、精神分裂症及思覺失調。大部分在過去 6 個月沒有住過院，全部有接受覆診，大部分有穩定服藥（表格 I）。

卡方分析和變量分析（ANOVAs）（2 tailed）是用作測試實驗組和對照組在人口結構方面的差異，而變量分析（ANOVAs）（2 tailed）還用於測試兩組之間結果變量的基線差異。研究結果發現，兩組的評測結果及人口結構的變量都沒有顯著的基線差異（Ps> 0.05），因此兩組是可作比較的。實驗組和對照組有關結果評分的平均值和標準偏差可見於表格 II 中。

1. 精神健康復元

2×2 混合模式的變量分析（ANOVAs）（2 tailed）顯示，精神健

康復元量表（表格Ⅲ），（F=3.97，p=.03）、新潛能子量表（F=4.14，p=.02）、靈性分量表（F=3.37，p=0.05）和總分（F=3.73，p=0.03）就時間 X 組別的交互作用都有顯著的效果。由於效果顯著，本研究使用 Bonferroni 調整呈現簡單而主要的效果。實驗組的基本功能分量表（F=9.05，p <.001）顯示，在測試前和跟進測試（p=.01）（Cohen's d=.58）之間有着顯著的改善，而對照組則相反地無顯著的改變（F=1.75，p=0.19）。至於新潛能子量表，實驗組顯示在試驗前和試驗後（p <.001）（Cohen's d=.73）之間以及試驗前和跟進試驗之間都有顯著的改善（p <.001）（Cohen's d=.59）；而對照組則無顯著效果（F=.56，p=.58）。此外，關於靈性子量表，實驗組僅在測試後顯示出顯著的改善（F=5.51，p=0.03）（Cohen's d=.51），而對照組顯示相反方向的變化。至於總分，實驗組（F=22.54，p <.001）和對照組（F=5.77，p=0.01）均有改善。實驗組的顯著改善出現在測試前和測試後（p <.001）（Cohen's d=1.01）之間以及在測試前和跟進測試（p <.001）（Cohen's d=1.09）之間，而對照組僅在測試前和跟進測試（p <0.001）之間出現顯著效果。實驗組報告在精神健康復元方面有着顯著改善，而對照組則需要更長的時間才有所改善。

2. 復元自評表（更新）

　　2×2 混合模型的變量分析（ANOVAs）（2 tailed）顯示，在復元自評表（更新）子量表以及總分就時間 X 組別的相互作用沒有顯著的效果（表格Ⅲ）。然而，投入量表在組與組之間的效應則顯著可見（F=5.28，p=0.02）。與對照組（M=3.43）相比，實驗組具有更高的平均值（M=3.82），而兩組在基線時沒有顯著差異。實驗組的組員報告他們感覺能夠更投入於學習復元，並覺得他們可以為社會作出貢獻以及在此次研究計劃中做好自我評估。

3. 成人希望量表

2×2 混合模型的變量分析（ANOVAs）（2 tailed）顯示，成人希望量表路徑子量表（表Ⅲ）（F=3.20，p=.05）和總分（F=3.24，p=.05）就時間 X 組別的交互作用都有顯著的效果。由於效果顯著，本研究使用 Bonferroni 調整呈現簡單而主要的效果。實驗組在測試後（F=4.69，p=0.04）（Cohen's d=1.01）及跟進測試（F=5.73，p=0.02）（Cohen's d=.58）之間顯示出顯著的改善。實驗組報告當中的成員覺得在測試後和跟進測試中明顯地更有計劃去實現目標。此外，在總分方面，實驗組在測試後（F=4.69，p=0.04）（Cohen's d=1.02）和跟進測試（F=4.84，p=0.03）（Cohen's d=1.34）呈現顯著的改進。實驗組報告當中的成員覺得在測試後和跟進測試中對未來抱持更大的希望。

七、討論

1. 抱持希望及目標對心理復元進程的重要性

我們的研究提供了初步的支持，證明相比起對照組，實驗組的組員由於進行復元導向的認知行為治療，其心理健康的基本功能、新潛能及靈性方面都有明顯改進，以致呈現一般精神復元的感覺。本研究跟之前關於心理復元並得出健康結果的研究一致，同樣讓參與者體驗到其自我認同、自尊的改進，並更能擁有具意義和目標的人生（Andresen et al., 2003）。

關於一般希望感及實現目標所涉及的規劃，實驗組的組員在這些變項中比起對照組展現出更大程度而且明顯的改善。設立目標及抱持希望是精神復元進程的關鍵要素，參與者能夠積極參與設立和實現

自己的目標是非常重要的。事實上，Clarke 及其同事（2009）發現，
受助者在目標確立方面有更大進展，研究顯示他們更有信心實現未來
的目標，從而使他們對未來更有希望，對人生更有認同感和方向感。
因此，從精神復元的框架來看，重要的不只是緩解症狀，還要鼓勵和
監控病人是否為其自身確立具意義的目標，從而走向精神復元。

2. 受助者的參與對精神復元進程的重要性

從復元的角度來看，復元的範式是將焦點從治病轉移到整體健
康，其中包含減少症狀和改善功能的要素（Marshall et al., 2009）。
此外，復元還需要受助者（即當事人）更多地參與其自身復元進程的
實施和掌握（Marshall et al., 2009）。這是很重要的，因為受助者可
以表達他們自己認為重要的東西。我們的研究作為初步的證據表明，
復元導向的認知行為治療似乎能夠增強我們的當事人在復元進程中願
意參與的一般意識；而這進一步證明過去有關參與重要性的研究是對
的（Torrey et al., 2005），亦即參與感是相當重要的，因為當事人會
感到受到重視及尊重。

儘管我們的研究展示出初步結果，證明我們的復元為本的認知
行為介入法在香港具有積極的效果，但是我們還是遇到一些不容忽視
的限制。首先，由於樣本量不多，我們的研究結果需要慎重的闡釋。
將來的研究應該索取更多樣本，以便為相關治療模式的積極效果提供
更有力的證據。另外，我們不能排除在跟進測試時各種評測結果的積
極變化可能是由於其他混雜因素（例如藥物）以及除認知行為治療的
因素以外的其他非治療效應（例如治療師的風格）。

八、總結

本研究顯示的初步證據為我們指出了一個明確的方向：以個人輔導方式進行復元為本的認知行為介入法可能比恆常的心理輔導，能為嚴重精神疾病患者帶來更佳的積極效果。

1. 復元為本的認知行為介入法可能可以顯著地增強香港嚴重精神疾病患者的精神健康（尤其是基本心理功能、發現新潛能、靈性及總分）。

2. 復元為本的認知行為介入法可能可以顯著增強香港嚴重精神疾病患者的希望（尤其是路徑思考和整體希望感）。

3. 復元為本的認知行為介入法可能可以顯著增強香港嚴重精神疾病患者在復元過程的參與感。

4. 復元為本的認知行為介入法沒有顯著提升香港嚴重精神疾病患者的生活質素。

九、建議

由於我們的研究結果屬於初創的性質，以下幾點建議只是作參考：

1. 由於本研究顯示，復元為本的認知行為介入法可以顯著改善嚴重精神疾病患者的精神健康，尤其是在患者的心理功能、發現新潛能和整體精神健康方面的功效顯著，因此，社工應該試圖通過為嚴重精神疾病患者製造機會，授權他們確立及發展個人的潛力和目標。

2. 由於本研究顯示，復元為本的認知行為介入法可以顯著改善嚴重精神疾病患者的整體希望感，特別是一種尋求途徑達到預期目標

的知覺，因此，社工可以幫助當事人發展正面的經驗，讓他們可以更自信地規劃和實現目標。正所謂成功滋養希望，希望帶來進一步成功。

3. 本研究所創建的復元為本的認知行為介入法要作進一步測試及發展，而我們研發的手冊及培訓方式有可進一步完善的空間。

表格 1：各組組員的人口特徵

		對照組 (N=25) n (%)	實驗組 (N=27) n (%)
性別	男性	3 (12.00)	4 (14.80)
	女性	22 (88.00)	23 (96.30)
年齡	平均值（s.d.）	40.36 (11.19)	39.11 (11.83)
婚姻狀況	未婚	15 (60.00)	16 (59.30)
	已婚	7 (28.00)	4 (14.80)
	分居／離婚	2 (8.00)	4 (14.80)
	寡婦	1 (4.00)	2 (7.40)
	其他	-	1 (3.70)
教育程度	小學或以下	1 (4.00)	1 (3.70)
	小學	3 (12.00)	1 (3.70)
	中學	4 (16.00)	8 (29.60)
	已完成中學	6 (24.00)	5 (18.50)
	預科	2 (8.00)	3 (11.10)
	大學或以上	9 (36.00)	9 (33.30)
工作狀況	全職	8 (32.00)	6 (22.20)
	家庭主婦	5 (20.00)	3 (11.10)
	學生	-	1 (3.70)
	兼職	3 (12.00)	5 (18.50)
	待業	8 (32.00)	11 (40.70)
	退休	1 (4.00)	1 (3.70)
所患疾病 （有些參與者 被診斷患上 多項疾病）	精神分裂症	7 (28.00)	8 (29.60)
	躁鬱症	3 (12.00)	5 (18.50)
	狂躁症	-	-
	思覺失調	7 (28.00)	6 (22.20)
	妄想症	-	2 (7.40)
	抑鬱症	8 (32.00)	8 (29.60)
診斷時間	平均值（s.d）	8.58 (7.04)	9.65 (8.03)

		對照組 （N=25）	實驗組 （N=27）
		n（%）	n（%）
覆診	沒有覆診	-	1（3.70）
	有覆診，但病情不穩定	1（4.00）	3（11.10）
	有覆診，病情穩定	24（96.00）	23（85.20）
服藥	有服藥，病情穩定	24（96.00）	25（92.60）
	有服藥，但病情不穩定	-	2（7.40）
	醫生建議無須服藥	1（4.00）	
過去 6 個月 入院次數	0	22（88.00）	24（88.90）
	1	3（12.00）	2（7.40）
	2	-	1（3.70）
過去 6 個月 留院平均日 數（緊接上 題）	平均值（s.d）	2.44（8.29）	8.93（38.95）

表格 II：各組測量結果變數的平均數及標準差

對照組 N=25	測試前		測試後		跟進測試	
	M	SD	M	SD	M	SD
精神健康復元量表						
克服困境	15.92	1.73	16.28	2.09	16.16	1.70
自我充權	14.00	2.12	14.76	2.71	14.60	2.40
學習與自我之 重新界定	15.00	2.24	15.00	2.40	15.40	1.55
基本功能	14.20	2.08	13.76	2.40	14.00	1.98
整體身心健康	13.96	2.07	14.36	2.80	14.00	2.55
新潛能	13.24	2.49	13.40	3.19	13.84	2.62
靈性	7.08	1.47	6.72	1.74	7.00	1.96
倡導	13.04	2.35	13.00	2.93	13.44	3.01

對照組 N=25	測試前		測試後		跟進測試	
	M	SD	M	SD	M	SD
總分	100.12	11.20	107.28	16.57	108.44	13.75
復元自評表（更新）						
人生目標	3.95	.70	3.88	.63	3.88	.64
參與度	3.51	1.10	3.48	.86	3.33	.62
治療多樣性	3.57	1.11	3.49	.93	3.58	.69
選擇	4.00	.72	3.80	.75	3.15	.60
個別定制服務	3.72	.87	3.72	.61	3.70	.71
總分	3.86	.74	3.76	.60	3.79	.55
希望感量表						

實驗組 N=27	測試前		測試後		跟進測試	
	M	SD	M	SD	M	SD
效能	19.04	5.78	19.00	5.20	19.68	5.42
路徑	19.15	4.88	18.64	4.53	19.28	5.26
總分	32.91	8.53	37.64	8.78	38.96	9.72
精神健康復元量表						
克服困境	15.85	1.77	16.41	1.95	16.44	1.60
自我充權	14.26	2.43	15.30	2.88	14.53	2.95
學習與自我之重新界定	14.44	2.52	15.72	2.12	15.93	2.22
基本功能	13.81	2.22	14.70	2.23	15.11	2.31
整體身心健康	13.15	3.08	14.26	3.05	14.41	2.55
新潛能	12.56	3.23	14.81	3.06	14.48	3.44
靈性	7.07	1.17	7.78	1.63	7.78	1.84
倡導	13.44	2.22	14.11	2.38	14.00	2.13
總分	98.04	13.62	113.09	16.62	112.68	13.83
復元自評表（更新）						
人生目標	3.88	.51	3.94	.65	4.10	.46
參與度	3.74	.81	3.86	.67	3.84	.56

實驗組	測試前		測試後		跟進測試	
N=27	M	SD	M	SD	M	SD
治療多樣性	3.74	.70	4.10	1.73	3.81	.65
選擇	3.95	.67	3.98	.62	3.31	.36
個別定制服務	3.73	.66	3.97	.65	4.02	.51
總分	3.85	.53	3.97	.63	4.04	.42
希望感量表						
效能	19.81	4.99	21.22	4.58	21.93	4.19
路徑	19.74	5.32	21.59	4.89	22.41	3.99
總分	34.19	8.17	42.81	9.04	44.33	7.30

表格III：測試結果變數中的交互作用及團隊效應

	交互作用效應 （時間 * 團隊）		團隊效應之間 Between Group Effects		Cohen's d 治療組	Cohen's d 治療組
	F	p	F	p	Pre vs Post	Pre Vs Follow up
精神健康復元量表						
克服困境	.48	.62	.12	.73	.43	.36
自我充權	.56	.57	.06	.81	.40	.10
學習與自我之 重新界定	3.06	.06	.18	.68	.56	.64
基本功能	3.97	.03*	.39	.54	.41	.58
整體身心健康	1.76	.18	.11	.75	.37	.45
新潛能	4.14	.02*	.39	.54	.73	.59
靈性	3.37	.05*	2.49	.12	.51	.47
倡導	.52	.47	1.11	.30	.30	.26
總分	3.73	.03*	.85	.36	1.01	1.09
復元自評表（更新）						

	交互作用效應 （時間 * 團隊）		團隊效應之間 Between Group Effects		Cohen's d 治療組	Cohen's d 治療組
	F	p	F	p	Pre vs Post	Pre Vs Follow up
人生目標	1.77	.18	.60	.44	.10	.46
參與度	.78	.45	5.28	.02*	.16	.15
治療多樣性	1.18	.31	2.88	.10	.28	.11
選擇	1.03	.35	.89	.35	.05	1.21
個別定制服務	2.00	.15	2.27	.14	.37	.49
總分	1.87	.17	1.81	.19	.51	.40
希望感量表						
效能	1.46	.24	1.91	.17	.30	.45
路徑	3.20	.05*	3.78	.06	.37	.58
總分	3.24	.05*	3.34	.07	1.02	1.34

*$p < .05$,

參考文獻

Anthony, W. A. (1993) . Recovery from mental illness: The guiding vision of the mental health service system in the 1990s. *Psychosocial Rehabilitation Journal, 16* (4) , 11-23.

Andresen, R., Oades, L.G. & Caputi, P. (2003) . The experience of recovery from schizophrenia: Towards an empirically validated stage model. *Australian and New Zealand Journal of Psychiatry, 37,* 586-594.

American Psychiatric Association. (2005) . *Use of the concept of recovery: A position statement.* Retrieved from http://www.psych. org/edu/other_res/lib_archives/archives/200504.pdf.

Campbell-Orde, T., Chamberin, J., Carpenter, J., & Leff, H.S. (2005) . *Measuring the promise: A Compendium of Recovery Measures,* Volume II. Cambridge, MA: The Evaluation Centre @ HSRI.

Clarke, S. P., Oades, L. G., Crowe, T. P., Caputi, P., & Deane, F. P. (2009). The role of symptom distress and goal attainment in promoting aspects of psychological recovery for consumers with enduring mental illness. *Journal of Mental Health, 18* (5) , 389-397.

Center for Mental Health Services. (2005) . National consensus statement on mental health recovery (Publ. No. SMA05-4129) [Brochure]. *Rockville, MD: Substance Abuse and Mental Health Services Administration, US Department of Health and Human Services.*

Department of Health of Australian Government. (2010) . *Principles of recovery oriented mental health practice.* Retrieved from http://

www.health.gov.au/internet/publications/publishing.nsf/Content/
mental-pubs-i-nongov-toc~mental-pubs-i-nongov-pri

Department of Health, State of Victoria (2011) . *Framework for recovery-oriented practice.* Retrieve online at https://www2.health.vic.gov.
au/getfile

Department of Health of Australian Government. (2016) . *Fifth National Mental Health Plan.* Retrieved from http://www.health.gov.au/
internet/main/publishing.nsf/content/mental-fifth-national-mental-health-plan

Farkas, M., Gagne, C., Anthony, W., & Chamberlin, J. (2005) . Implementing recovery oriented evidence based programs: Identifying the critical dimensions. *Community mental health journal, 41* (2) , 141-158.

Hansson, L. (2006) . Determinants of quality of life in people with severe mental illness. *Acta Psychiatrica Scandinavica*, 133, 46-50.

Hodgekins, J., & Fowler, D. (2010) . CBT and recovery from psychosis in the ISREP trial: Mediating effects of hope and positive beliefs on activity. *Psychiatric Services, 61,* 321-324.

Hogan, M. F., Adams, J., & Arrendonodo, R. (2003) . Achieving the promise: Transforming mental health care in America. *Maryland (USA) : New Freedom Commission on Mental Health.*

Jacobson, N., & Greenley, D. (2001) . What is recovery? A conceptual model and explication. *Psychiatric services, 52* (4) , 482-485.

Leamy, M., Bird, V., Le Boutillier, C., Williams, J., & Slade, M. (2011) . Conceptual framework for personal recovery in mental health: systematic review and narrative synthesis. *The British Journal of Psychiatry, 199* (6) , 445-452.

Leung, K.F., Wong, W.W., Tay, M.S.M., Chu, M.M.L., & Ng, S.S.W. (2005). Development and validation of the interview version of the

Hong Kong Chinese WHOQOL-BREF. *Quality of Life Research,* *14,* 1413-1419.

Marshall, S.L., Crowe, T.P., Oades, L.G., Deane, F.F., & Kavanagh, D.J. (2009) . A review of consumer involvement in evaluations of case management: Consistency with a recovery paradigm. *Psychiatric Services, 58,* 396-401.

National Institute for Mental Health in England. (2005) . NIMHE Guiding Statement on Recovery. Retrieved February 13, 2017, from https://manchester.rl.talis.com/items/1462D9CA-3228-11C7-CA3F-429526E1FC79.html

Oades, L., Deane, F., Crowe, T., Lambert, W. G., Kavanagh, D., & Lloyd, C. (2005) . Collaborative recovery: an integrative model for working with individuals who experience chronic and recurring mental illness. *Australasian Psychiatry, 13* (3) , 279-284.

Oades, L. G., & Anderson, J. (2012) . Recovery in Australia: Marshalling strengths and living values. *International Review of Psychiatry, 24* (1) , 5-10.

O'Hagan, M. (2004) . Guest Editorial: Recovery in New Zealand: Lessons for Australia?. *Australian e-journal for the Advancement of Mental Health, 3* (1) , 5-7.

Rapp C, Goscha R. (2012) . *The strengths model: Case management with people with psychiatric disabilities,* 3rd ed. New York: Oxford University Press.

Substance Abuse and Mental Health Services Administration (SAMHSA) of the United States Department of Health and Human Services. *National consensus statement on mental health recovery.* Retrieved from http:// www.samhsa.gov

Slade, M. (2009) . Differences between traditional and recovery-oriented services. In M. Slade (Ed.) , 100 ways to support recovery: A guide for mental health professionals. *London: Rethink.*

Slade, M., Amering, M., Farkas, M., Hamilton, B., O'Hagan, M., Panther, G., ...Whitley, R. (2014) . Uses and abuses of recovery: Implementing recovery-oriented practices in mental health services. *World Psychiatry, 13*, 12-20.

Snyder, C. R., Harris, C., Anderson, J. R., Holleran, S. A., Irving, L. M., Sigmon, S. T., ... Harney, P. (1991) . The will and the ways: Development and validation of an individual-differences measure of hope. *Journal of Personality and Social Psychology, 60*, 570-585.

Torrey, W.C., Rapp, C.A., Van Tosh, I., McNabb, C.R., & Ralph, R.O. (2005) . Recovery principles and evidenced-based practice: Essential ingredients of service improvement. *Community Mental Health Journal, 41*, 91-100.

Tse, S., Cheung, E., Kan, A., Ng, R., & Yau, S. (2012) . Recovery in Hong Kong: Service user participation in mental health services. *International Review of Psychiatry, 24*, 40-47.

Tse, S., Siu, B.W., & Kan, A. (2013) . Can recovery-oriented mental health services be created in Hong Kong? Struggles and strategies. *Administration and Policy in Mental Health, 40,* 155-158.

Tse, S., Tsoi, E. W., Hamilton, B., O'Hagan, M., Shepherd, G., Slade, M., ... & Petrakis, M. (2016) . Uses of strength-based interventions for people with serious mental illness: A critical review. *International Journal of Social Psychiatry, 62* (3) , 281-291.

Turkington, D., Munetz, M., Pelton, J., Montesano, V., Sivec, H., Nausheen, B., & Kingdon D. (2014) . High-yield cognitive behavioral techniques for psychosis delivered by case managers to their clients with persistent psychotic symptoms: An exploratory trial. *The Journal of Nervous and Mental Disease, 202*, 30-34.

Wing, J. K. (1981) . *Handbook of psychiatric rehabilitation practice.* Oxford University Press, USA.

Ye, S., Pan, J.Y., Wong, D.F.K., & Bola, J.R. (2013) . Cross-validation of mental health recovery measures in a Hong Kong Chinese sample. *Research on Social Work Practice, 23,* 311-325.

Young, S. L. & Bullock, W.A. (2005) . Mental Health Recovery Measure (MHRM) , in Campbell-Orde, T., Chamberlin, J., Carpenter, J., & Leff, H.S. (Ed.) Measuring the promise: A compendium of recovery measures (Vol.II) (p.36-41) , The Evaluation Center @ HSRI.

Zhang, W., Li, Y., Yeh, H., Wong, S., & Zhao, Y. (2007) . *The effectiveness of the mental health recovery (including Wellness Recovery Action Planning) programme with Chinese consumers.* Hong Kong: Bo Ai She. Retrieved from http://www.tepou.co.nz/ assets/images/content/your_stories/files/story011-4.pdf

黃富強、李鳳葵、鄭燕萍（Eds.）.（2013）. 家長情緒管理： 認知行為介入法的理論及應用 . Hong Kong： City University of HK Press.

附錄

工作紙 01. 身心思維自我分析表

引發事件	身體變化	情緒反應	行為表現	思維想法	思想陷阱

姓名： _____ 日期： _____

工作紙 02. 生活目標逐個捉

我的生活目標優次

第一位：最希望達到； 　　　　第五位：做不到亦無妨

優次	生活目標	原因
第一位		
第二位		
第三位		
第四位		
第五位		

我的目標

目標	具體計劃
目標一：	
目標二：	
目標三：	

我實踐目標的具體計劃

目標	具體計劃	成效指標	完成時限	自我獎勵

工作紙 03. 人生大事回顧

請嘗試回想在你的人生不同階段中，令你開心、有成功感、及印象深刻的事件，請把事件扼要地記錄下來。

童年	青少年
事件一	事件一
背後的意義	背後的意義
事件二	事件二
背後的意義	背後的意義

成年	老年
事件一	事件一
背後的意義	背後的意義
事件二	事件二
背後的意義	背後的意義

在這些經歷中，你發現自己有甚麼正面特質？在面對這些事件中，你對自己整體有甚麼評價？

_____

_____

_____

工作紙 04. 活動尺

試想十項能夠讓自己快樂、但平時不願嘗試做的活動，例如致電好友、做運動或看一場電影等。

請將這十項活動按開心指數排列次序，填寫在右面的「活動尺」中（第一項是「最容易達成而開心指數較低」的活動，依次到第十項是「較難達成而開心指數最高」的活動）。

未來兩星期內，你會選擇完成哪一項？

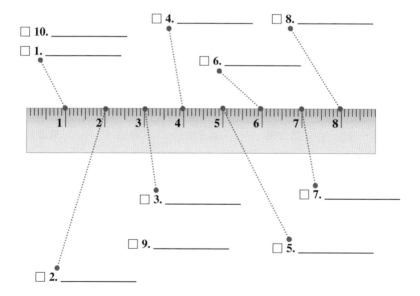

工作紙 05. 五常法

走出陷阱 五常法要訣

嘗試運用此家課紙,為自己度身訂造一套五常法。

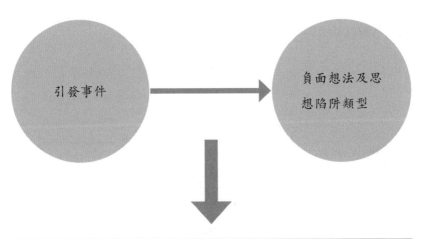

第一法	第二法	第三法	第四法	第五法
常留意身體警告訊號	常喚停負面思想	常反問自己	常分散注意力	常備聰明卡

工作紙 06. 規條秤一秤

1. 個人規條： 你有幾相信？ 相信　　　　　　　　　　　非常相信 　1　　　2　　　3　　　4　　　5	
好處 / 幫助　　　　　　　分數	壞處 / 不良影響　　　　　　分數
2. 改寫 / 放寬後的規條： 你有幾相信？ 相信　　　　　　　　　　　非常相信 　1　　　2　　　3　　　4　　　5	
好處：	壞處：

工作紙 07. 舊我 / 新我

舊我:

例證:

1.

2.

3.

新我:

例證:

1.

2.

3.

專有名詞中英文對照表

中文	英文
被捆綁的自我觀	Trapped Self
被釋放的自我觀	Liberated Self
復康	Rehabilitation
復元	Recovery
生活質素	Quality of Life
伙伴關係	Partnership
同路人	Peer to Peer Support，Peer to Peer Counseling
問題為本	Problem-Oriented
動機式會談法	Motivational Interviewing
認可、肯定、和欣賞的技巧	Validation
正常化	Normalization
腦震盪	Brainstorming
行為驗證法	Behavioral Experiment
以事件為本的探索	Event-based exploration
逃避的安全行為	Safety Behaviors
我的餅圖	Pie Chart
焦慮排行榜	Hierarchy of Fear
情境暴露	Exposure

中文	英文
良性循環圖	Functional Cycle
惡性循環圖	Dysfunctional Cycle
思想陷阱	Thought Traps
身體反應檢查表	Physiological Alarms Checklist
情緒面譜	Emotions Checklist
大難臨頭	Catastrophizing
比喻	Metaphor
掌控感	Sense of Control
發展目標	Developing Goals
盼望指數	Hope Index
以優勢為主導	Strength - Oriented
行動計劃	Task Planning
成功感	Sense of Achievement
活動尺	Activity Ruler
五常法	The Five Steps
思想規條	Dysfunctional Rules
標準尺	Cognitive Continuum
持續的檢討	Continuous Assessment
舊我 / 新我	Old Me/ New Me
缺損	Deficits
角色扮演	Role Play
引導式探索	Guided Discovery

中文	英文
問題形成的遠因	Predisposing Factors
問題近因	Precipitating Factors
問題維持因素	Perpetuating Factors
保護因素	Protective Factors
認知行為治療	Cognitive Behavioral Therapy
隨機對照試驗	Randomized Controlled Trial
克服困境	Overcoming Stuckness
自我充權	Self-Empowerment
學習與自我之重新界定	Learning & Self-Redefinition
基本功能	Basic Functioning
整體身心健康	Overall Well-Being
尋求新潛能	Finding New Potentials
倡導 / 改進	Advocacy/ Enrichment
內部一致度	Internal Consistency
人生目標	Life Goals
參與	Involvement
治療選擇的多樣性	Diversity of Treatment Options
個別訂製服務	Individually-Tailored Services
內部信度	Internal Reliability
時間信度	Temporal Reliability
意向治療分析	Intention-to-Treat
最後觀察結轉	Last Observation Carried Forward